GANZHEITLICH HEILEN

W0235958

Sandra
Arno Frank Eser

REZEPTE AUS DER HEXENKÜCHE

Magische Kräuter,
Öle und Hexenwissen

GANZHEITLICH HEILEN

GOLDMANN

Umwelthinweis:
Alle bedruckten Materialien dieses Taschenbuches
sind chlorfrei und umweltschonend.
Das Papier enthält Recycling-Anteile.

Originalausgabe November 2000
© 2000 Wilhelm Goldmann Verlag, München
in der Verlagsgruppe Bertelsmann GmbH
Umschlaggestaltung: Design Team München
Umschlagfoto: Zefa/Masterfile
Redaktion: Gerhard Juckoff
Satz/DTP: Martin Strohkendl, München
Druck: Elsnerdruck, Berlin
Verlagsnummer: 14198
WL · Herstellung: Stefan Hansen
Made in Germany
ISBN 3-442-14198-2
www.goldmann-verlag-de

1. Auflage

Inhalt

5

Einleitung

Der Wirbel um den Jahrtausendwechsel ist längst wieder Schnee von gestern. Was hat sich nun, im Rückblick gesehen, für uns geändert? Ist die Welt untergegangen? Ist der Heiland erschienen oder der leibhaftige Beelzebub, sind Ufos gekommen oder kleine grüne Osterhasen? Nichts von alledem.

Die Computer funktionieren schon längst wieder; die meisten haben ohnehin keine Schwierigkeiten gemacht. Und die selbst ernannten religiösen und angeblich spirituellen Führer von fanatischen Leichtgläubigen suchen sich jetzt einen neuen Stichtag, mit dem sie ihre Schäfchen verrückt machen und ihre Macht über sie vergrößern können. Es wird bestimmt immer ein paar Spinner geben, die ihre Antennen in die falsche Richtung ausfahren. Die Selfmade-Gurus werden ihren Spaß und ihren Profit haben.

Wir müssen nicht immer nach vorne rennen. Internet, Home-Page, Tele-Shopping. Immer schneller, höher, weiter. Bunter, schriller, gnadenloser. Wer dauernd rennt, kommt nie ans Ziel. Es ist durchaus sinnvoll, innezuhalten, eine Bestandsaufnahme zu machen. Und auch die Rückschau bringt einiges an Einsicht und Weisheit. Oft hasten die Eindrücke des Lebens so schnell an uns vorbei, dass wir erst in der Rückschau richtig begreifen können.

Zum Beispiel die Tatsache, dass das dritte Jahrtausend gar nicht am 1. Januar 2000 begonnen hat, sondern schon ungefähr vier Jahre früher. Es ist allgemein bekannt, dass der Mönch Dionysius Exiguus, der im sechsten Jahrhundert in Rom lebte, irgendwo einen Fehler in seine Kalenderrechnung hineingebracht hat. Jesus wurde nämlich nach Angaben der Bibel während der Regierungszeit des Königs Herodes geboren. Der aber starb bereits vier Jahre vor unserer Zeitrechnung. Abgesehen davon, dass das zweite Jahrtausend erst am 31. 12. 2000 endet, weil unsere Zeitrechnung nicht mit einem Jahr null, sondern mit einem Jahr eins anfängt.

Alles Haarspalterei, alles Unsinn. Besinnen wir uns lieber auf das, was über alle Zeiten hinweg und abseits aller Rechenspiele Gültigkeit und Bestand hat. Ich möchte deshalb in meinem neuen Buch einen Schritt zurückgehen und mich ausführlich einem Gebiet widmen, das eine lange Hexentradition hat: die Kraft der Kräuter, Öle, Speisen und Gewürze. Dieses Thema wird mir geradezu von den Besuchern meines Hexenladens in München nahe gelegt, wenn nicht gar aufgedrängt. Immer wieder gibt es Anfragen in dieser Richtung, persönlich wie brieflich. Das Interesse an diesen alten Hexenweisheiten freut mich natürlich sehr; und der Schritt zurück in alte Zeiten ist immer wieder eine Gelegenheit, Vorhandenes zu vertiefen, zu wiederholen und auch zu überprüfen.

Der Schritt zurück wird dabei aber auch gleichzeitig ein Schritt nach vorne. Denn das Wissen um die magischen Kräfte von Ölen, Kräutern, Gewürzen und Speisen ist alles andere als statisch. Auch die Hexenkultur entwickelt sich ständig weiter, macht neue Erfahrungen, kann neue Erkenntnisse verbuchen. Es geht in diesem Buch also auch um eine Ergänzung und Komplettierung zum Thema. Und ich freue mich jetzt schon auf die viele Post, die mir wohl in Kürze ins Haus flattern wird.

Sie werden mir verzeihen, dass ich die Post voller Tipps und Anregungen, die ich als Reaktion auf mein letztes Buch »Weiße Magie, Schwarze Magie, Satanismus«, bekommen habe, noch nicht vollständig beantworten konnte. Zu groß und gewaltig ist der Berg von Reaktionen, meist verbunden mit begeisterten oder zustimmenden Kommentaren. An dieser Stelle erst mal herzlichen Dank dafür, ebenfalls im Namen meines Koautors Arno Frank Eser, der auch bei diesem Buch wieder mitarbeitet. Als Journalist fühlt er mir oft auf den Zahn, wir diskutieren und streiten, um einen für uns beide tragfähigen Konsens zu finden und um schließlich – wie beim letzten Mal – festzustellen, dass es uns beiden etwas gebracht hat.

Und wenn Ihnen, liebe Leserin und lieber Leser, dieses Buch ebenfalls etwas Positives bringt, dann hat sich unsere Arbeit gelohnt.

Die Götter mögen Sie beschützen!

1

Die Jahrtausendwende

Schon von jeher versuchen wir Menschen, Fixpunkte in unserem Leben zu schaffen, an denen wir uns orientieren können. Die wohl folgenreichste Erfindung, die wir je gemacht haben, ist die Erfindung der Zeit. Der Tag, die Woche, das Jahr, das Jahrhundert und das Jahrtausend – alles wurde in kleine Stücke zerteilt, um daraus dann wieder ein großes Ganzes machen zu können, das im Rückblick oder in der Vorausschau gewaltig und imposant ausschaut.

Dabei wird Zeit sehr subjektiv empfunden. Ein spannender Film von 90 Minuten zum Beispiel vergeht wesentlich schneller als ein langweiliger. Und ein Jahr voller Urlaubsaktivitäten und Spaß ist viel kürzer als ein Jahr im Gefängnis. Außerdem wissen wir schon längst, dass Zeit keine absolute Größe ist. Menschen, die im Gebirge leben, altern schneller als solche, die ihr Zuhause am Meer haben. Und kosmisch gesehen gibt's auch einiges zu vermelden. In der Nähe von so genannten »schwarzen Löchern« bleibt die Zeit stehen. Mathematische Spitzfindigkeiten von hochgradigen Wissenschaftlern auf der Suche nach der Wahrheit.

Dennoch, um eine Art Gleichheit zwischen den Menschen zu schaffen und um die Kommunikation zu erleichtern, soll es möglich sein, dass sich der Dauerurlauber und der Gefangene zum selben Tag und zur selben Stunde wieder sehen können, wenn sie das wünschen. Die Uhr und der Kalender machen es möglich.

Nun legt unsere Kultur fest, dass es gewisse Feiertage gibt: Jeder siebte Tag ist ein Sonntag. Darüber hinaus gibt es Tage, die vom Kalender bestimmt werden oder auf die sich die Menschen allgemein geeinigt haben. Auf Silvester und Neujahr zum Beispiel, auf das Jahresende und den Jahresanfang. Wie beim Countdown bei einem Raketenstart werden die Sekunden heruntergezählt, auf dass man ja punktgenau zum Jahreswechsel das Sektglas zum Klingen bringt. Alles Tradition, ich weiß, aber eigentlich ganz schön lächerlich.

Hat dieser Jahreswechsel auch noch eine runde Zahl zum Hintergrund, wird das Getue noch schlimmer. Als ob sich dadurch irgendetwas ändern würde. Je mehr Nullen die Zahl hat, je »runder« sie also ist, umso mehr Theater wird um sie gemacht.

Das haben wir sehr schön beim angeblichen Jahrtausendwechsel erleben können: Millenniumspartys, Millenniumsflüge, Millenniumsklamotten und Millenniumsunsinn an allen Ecken und Enden. Ich erinnere mich genau: Eine Metzgerei im Münchner Umkreis bot für ihre Kunden »Millenniumssülze im Sektglas« an. Toll. Wer isst schon gerne Sülze aus dem Sektglas? Dennoch war der Verkauf profitabel.

Stichwort Profit. Der heraufbeschworene Computer-Crash hat wohl am meisten davon eingespielt. Mit dem Millenniumszirkus haben sich etliche Leute eine goldene Nase verdient. Es sei ihnen gegönnt.

Traurige Tatsache aber ist, dass es auch sehr viel richtig

Negatives im Zusammenhang mit runden und superrunden Kalendertagen gibt.

Die Angst vor dem Weltuntergang

Der Wirbel um Jahrhundert- und Jahrtausendwechsel hat Geschichte. Schon immer erwarteten die Menschen etwas Außergewöhnliches, wenn der Kalender Besonderheiten anzeigte. Meist basierten die Extrem-Erwartungen auf der Schreckensreligion der Katholiken. Armageddon, laut Bibel der letzte große Kampf zwischen Gut und Böse, stand schon mehrmals an, ebenso wie der Weltuntergang selbst, die Erfüllung der Beschreibungen in der Apokalypse. In allen Zeiten gab es Vorbereitungen auf diese Ereignisse. Auch solche, die an die materielle wie physische Existenz gingen.

Zum Wechsel auf das Jahr 2000 zeigte sich besonders das von sozialen Spannungen und wirtschaftlichen Ungerechtigkeiten geplagte Südafrika anfällig für Endzeitstimmungen wie kaum ein anderes Land. Ich sah ein Fernsehinterview mit einem Farmer, der sich ganz genau ausgemalt hatte, was zum Jahreswechsel und dem damit verbundenen Computer-Crash alles auf ihn und seine Familie zukommen wird: »Es wird kein Trinkwasser mehr geben und keinen Strom, die Versorgungswege in Sachen Lebensmittel werden ebenfalls nicht mehr funktionieren, denn auch sie sind allesamt computergesteuert. Die Schwarzen werden also meine Felder plündern, vielleicht sogar mein Haus und meine Scheunen angreifen und ausrauben. Es besteht konkret Gefahr für Leib und Leben.« Seine Vorbeugungsmaßnahmen: Er bunkerte Trinkwasser ein, haltbare Lebensmittel jeder Art, installierte mehrere Generatoren, um Strom erzeugen zu können, umzäunte seine Felder und Gemüsebeete mit Stacheldraht. Um dem Ganzen die Krone aufzusetzen, heuerte er bewaffnete Milizen an, bildete sozusagen eine kleine Privatarmee. Die sollte ihn und die Seinen beschützen, wenn's hart auf hart kam. Nun hat er für die nächste Zeit reichlich zu essen und zu trinken. Wie er mit den überflüssig gewordenen bewaffneten Horden verfahren ist, ist nicht bekannt.

Materielle Vorsorge bis zum Absurden betrieben zum Jahreswechsel 1999/2000 viele Menschen, auch bei uns in Deutschland. Zahllose Familien ließen die Badewanne voll Wasser laufen, um wenigstens für eine kurze Zeit Trinkwasser parat zu haben. Andere plünderten die Aldi-Läden, stapelten Billigkonserven. Versandhäuser mit Survival-Paketen machten ein Riesen-Geschäft. Was die Millenniums-Angst allerdings in den Herzen und Seelen der Leute angerichtet hat, ist um einiges schlimmer als die Angst vor dem großen Zusammenbruch der Computer.

So gab es immer wieder Menschen, die im Hinblick auf das vermeintliche Ende Hab und Gut verjubelten, die geistig umnachtet auf irgendeinem Berg oder in einem Wüstental sekundengenau zum Jahreswechsel auf einen himmlischen Erlöser oder auch auf einen teuflischen Vernichter warteten. Andere warteten auf Außerirdische, bereiteten ihre Abholung in Ufos vor. Und wieder andere begingen Massenselbstmord.

Das Jahr 1999 war auch ein wertvolles Jahr für Satansjünger aus der Billigabteilung. Schließlich lassen sich ja die drei Neunen zu Sechsen umdrehen, und »666« ist laut Bibel die Zahl des Biestes, des Teuflischen, das auf die Welt losgelassen werden soll. Naiv und dumm, aber irgendwie gesellschaftlich vorprogrammiert.

Denn auch die Medien, von Haus aus schon hauptsächlich auf schlechte Nachrichten programmiert (Slogan: »Only bad news are good news«, nur schlechte Nachrichten sind gute Nachrichten), schüren den Millenniumswirbel. So bekommen Naturkatastrophen und Kriege eine noch wichtigere Bedeutung, als sie ohnehin schon haben. Wir werden systematisch übersensibilisiert, fast schon in eine Massenpsychose hineingetrieben. Dabei ist es erwiesen, dass es relativ zur Bevölkerung zu allen Zeiten statistisch etwa die gleiche Anzahl an Unglücken jeder Art gibt. Nur mit dem Unterschied, dass es Zeiten gibt, in denen die Medien ausführlicher auf diese Themen eingehen. Ein Perpetuum Mobile, das sich selbst hochschaukelt. Denn auch die Medien werden von Menschen gemacht – Menschen, die ebenfalls angesteckt werden vom Massenwahn.

Falsche Gurus und selbst ernannte Heilsbringer haben also beste Geschäftschancen. Wobei der finanzielle Verlust, der ihren Schäflein droht, noch das kleinste Übel ist.

Und was ist passiert? Durch einen Computerfehler der Bank bekam ein Journalistenbüro in Deutschland über drei Milliarden Mark gutgeschrieben. Und in Österreich spuckte ein Geldautomat über mehrere Stunden hinweg umgerechnet an die 700 Mark pro Abheber aus, weil irgendwas nicht richtig funktionierte. Weder die Journalisten noch die Jugendlichen aus Österreich, die sich an diesem bewussten Geldautomaten bedienten und eine große Fete starteten, hatten lange Freude am Ausrasten der Computer und dem damit verbundenen Geldsegen.

Manche waren richtiggehend enttäuscht, dass nichts passiert ist. Hätte doch ein kleines und wohl dosiertes Chaos etwas Abenteuerduft in ihr vermieftes Leben gebracht.

Dabei könnte man wirklich etwas Sinnvolles und sogar Gesundes aus solchen plakativen Terminen machen. Nicht etwa deshalb, weil die Kraft im Termin selbst liegt. Sondern einzig und allein als Eselsbrücke könnten wir die runden Zahlen nutzen, als Gelegenheit zum Innehalten, ja fast schon als Vorwand. Jede Begebenheit hat nur die Kraft, die wir ihr geben oder die wir in sie hineindeuten. Bei Terminen ist das nichts anderes – und seien sie noch so rund.

Plakative runde Zahlen als Wendepunkt nutzen

»Am siebten Tage sollst du ruhen«, hat der Gott der Juden seinem Getreuen Moses einst angeblich in die Steintafel diktiert. Eigentlich ist ja so ein vorgegebener Ruhetag nichts Schlechtes. Ein Grund, innezuhalten und zur Besinnung zu kommen.

Es gibt viele Anlässe, die man positiv für sich nutzen kann: den Geburtstag, um über das vergangene Jahr nachzudenken oder über das Mysterium Geburt und Tod. Den Hochzeitstag, um über seine Ehe oder die Liebe an sich zu sinnieren. Den Jahrestag einer schweren Operation, um sich über Gesundheit, Krankheit und Tod Gedanken zu machen.

Unsere Kultur kennt viele Gedenktage, vom Namenstag bis zum Todestag eines geliebten Menschen. Geburts- und Todestage berühmter Zeitgenossen werden regelrecht zelebriert. Und wieder gilt: Je runder dieses Datum ist, desto pompöser wird gefeiert. Manchmal gibt's gleich regelrecht von den Medien oder gar vom Staat verordnete Feierjahre, vom Goethe-Jahr bis zum Jahr der blau gesprenkelten Kohlmeise. Eins haben diese künstlichen Feierjahre alle gemeinsam: Der normale Mensch kümmert sich kaum um sie. Er empfindet keinen inneren Anstoß, sich irgendwie feierlich zu fühlen und das nach außen zu tragen. Das Feiern bleibt also jeweils einem kleinen Kreis von Goethe- oder Blau-gesprenkelten-Kohlmeisen-Freunden überlassen.

Wir Hexen feiern unser Neujahr jeweils an Halloween, am 31. Oktober. Für mich war also schon längst das Jahr 2000 angebrochen, als die Mehrzahl meiner Mitbürger noch skeptisch ihren Computer anschaute, ob er wohl den Sprung von 99 auf 00 hinkriegen würde.

Da wir sehr bewusst mit unserem Neujahr umgehen und da auch wir gewisse bürgerliche Gepflogenheiten einfach anerzogen bekommen haben, also an Neujahr Pläne für die Zukunft fassen, habe ich das auch getan. Aus der Erfahrung, dass der Vorsatz »Das Rauchen aufgeben« die erste Woche im Allgemeinen nicht überleben wird (womit der Beweis erbracht ist, dass auch Hexen Menschen sind. Wer hätte das gedacht!), fasste ich den Plan, endlich an diesem längst fälligen Buch zu arbeiten. Und schon hat das Neujahr eine neue Bedeutung bekommen, zumindest für mich.

Die selbst ernannten Feiertage sind wohl die besten. Sie haben einen tiefen persönlichen Sinn, der in keinem Kalender steht und der vielleicht gerade deshalb umso nachhaltiger auf unsere Seele wirkt.

2

Müssen wir bei Null anfangen?

Die Zeit, eine menschliche Erfindung mit Irrtümern und Fehlern, läuft verdammt schnell. Das interessiert mich als Hexe allerdings nur am Rande. Ich lebe im Hier und im Jetzt, reiche damit einem esoterischen Kollegen die Hand, vor dem ich höchste Achtung habe: Buddha. Freilich wissen wir, dass Buddhas Lehren ähnlich verfälscht und zu Machtspielen missbraucht worden sind wie die Lehren des Schreiners aus Nazareth, genannt Jesus. Dennoch kommt auch in diesem Fall beim Studium der verfügbaren Schriften eine gewisse Grundbotschaft heraus, auf die wir uns verlassen können. Leben gibt es nur heute, hier und jetzt, ohne Vergangenheit und ohne Zukunft.

Ich bin glücklich darüber, dass es Menschen wie Buddha und Jesus gegeben hat und immer noch gibt. Ob sie nun Menschen sind, Halbgötter oder Götter, das spielt für mich als Hexe keine Rolle. Sie haben uns viel gegeben. Sie geben uns immer noch viel. Dennoch sind diejenigen, die sich als Verwalter des geistigen Erbes dieser Genies aufspielen, sowohl im buddhistischen als auch im christlichen Glauben, meiner Meinung nach nicht mehr ernst zu nehmen. Sie sind oft nur noch peinlich, dumm oder machtbesessen.

Echte Überlieferung hat Kraft, Geist und Inspiration.

Die Generationen vor uns wollen uns damit eine Hilfe geben. Sie wollen uns sagen, dass es gewisse Erfahrungen schon gibt, dass wir nicht mehr bei Null anfangen müssen, dass wir uns auf ihr Wissen verlassen können. So ist es meiner Meinung nach mehr als wichtig, auf die Geister unserer Vorfahren zu hören.

Konservativ sein im besten Sinne des Wortes

Das Wort »konservativ« hat einen schlechten Beigeschmack. Spießer, Reaktionäre und Hohlköpfe sind konservativ. Leute, die aus Angst vor Veränderungen und Fortschritt lieber blind an dem fest halten, was sie schon kennen und haben. Leute, die Angst vor der Schnelllebigkeit der Zeit empfinden. Nichts ist für immer, alles ändert sich. Jeden Tag, jede Stunde, jede Minute.

Wer das nicht verstehen und einsehen kann, empfindet Unwohlsein und Schmerz, gerät in Lebenskrisen und unter Umständen auch in Verzweiflung.

Dennoch sollte ein Teil unserer Persönlichkeit darauf trainiert werden, richtig konservativ zu sein. »Conservare«, aufheben, konservieren, für die Nachwelt erhalten, vielleicht sogar für die Ewigkeit – das ist eine Gewissens- und Wissensfrage. Was lohnt sich aufzuheben, was lohnt sich zu konservieren? Wir Hexen haben eine Antwort auf diese Frage.

Die Hektik des Tagesgeschehens verleitet uns dazu, immer schneller und effektiver zu arbeiten, zu denken, zu fühlen, zu leben. Mittlerweile gibt es aber Gruppen und Bewegungen, die den Reiz der Langsamkeit erkannt haben.

Sie haben verschiedene Namen; doch es lohnt sich noch nicht, sie hier aufzuführen, denn sie stecken noch in den Kinderschuhen.

Dennoch haben sie, zumindest vom Ansatz her, schlicht und einfach Recht. »Tue, was du tust«, sagt Buddha, und wir sollten uns auch an seinen weisen Rat halten. Es ist wahrlich mehr als unsinnig, zwei Sachen auf einmal bewerkstelligen zu wollen: Frühstücken und dabei die Zeitung lesen, Fernsehen und dabei zu Abend essen, telefonieren und gleichzeitig die Katze füttern, Sex haben und dabei ans berufliche Bewerbungsgespräch am morgigen Tag denken und so weiter.

Richtig progressiv, also nach vorne schreitend, wird die Umsetzung dieses »langsamen« Bewusstseins erst dann, wenn wir uns klar darüber werden, warum wir langsamer und konservativer sein sollten.

Punkt 1: Wir Menschen rennen viel zu schnell an den Informationen des Tages vorbei. Es ist unmöglich, alle Informationen in dieser Geschwindigkeit zu verarbeiten.

Punkt 2: Wir können wegen der vorgegebenen Geschwindigkeit keine Schlüsse aus dem Wust der Informationen ziehen. Wir sind ganz einfach überfordert und haben ohnehin kein Vertrauen zu den profitorientierten Medien mehr.

Punkt 3: Deswegen werden wir konservativ im schlechten Sinne des Wortes, ziehen uns auf Positionen zurück, die aus flüchtigen Eindrücken und Vorurteilen bestehen, werden »spießig« und starrsinnig.

Engagierte und intelligente Umwelt- und Tierschützer, wie zum Beispiel die Aktivisten von Greenpeace, machen uns vor, dass Konservative auch progressiv sein können. Sie erhalten das Gute (die Natur) und beziehen dennoch in all ihre Überlegungen mögliche Zukunftsentwicklungen mit ein. Wir können von ihnen lernen.

Besinnung auf die alte und die neue Hexenkunst

Kürzlich kam ein passionierter Jäger zu mir in meinen Münchner Hexenladen. Er kam zu mir, um einen magischen Beistand zu bekommen, weil er schon lange einen Hirschen jagte und diesen Hirschen nun endlich auch erlegen wollte. Hokuspokus, Hirsch, lauf bitte vor die Flinte. So oder zumindest so ähnlich stellte sich das dieser schießwütige Zeitgenosse vor. Ich musste ihm dann erklären, dass er in dieser Angelegenheit keine Hilfe von mir erwarten konnte. Ich bin engagierte Tierschützerin, achte die Seele eines Tieres ähnlich hoch wie die Seele eines Menschen. Ich nannte den Besucher sogar »Mörder« und wollte ihn davon überzeugen, dass man nur aus existenziellen Gründen (Not, Hunger) auf die Jagd gehen darf, und auf keinen Fall als Hobby.

Langer Rede kurzer Sinn: Dieser Kunde hat inzwischen sein Gewehr gegen einen Fotoapparat ausgetauscht, ist nach wie vor ein leidenschaftlicher Jäger – aber eben in einem unblutigen und sogar künstlerischen Sinn. Den Göttern sei Dank.

Vom Saulus zum Paulus. Magische Hexenkunst? Quatsch. Das Ergebnis dieser Episode hat einzig und allein mit persönlicher Überzeugungskraft zu tun. Aber da fängt's ja schon an: Wer überzeugt wen? Warum und wie? Durch die Kraft, Mitmenschen zu überzeugen, werden neue Wege im Spiel des Lebens erschlossen. Nicht immer braucht's dazu eine Hexe.

Die Präsenz von uns Hexen ist allerdings dann gefragt, wenn es um historisches Wissen geht. Wie nie zuvor sehnen sich Jung und Alt nach Kenntnissen aus überlieferten Schatztruhen. Ein Wahn im Zeichen der allgemeinen Sinnlosigkeit? Eine Hysterie im reichlich bekannten Esoterikzirkus? Ein Hexenboom als modisches Beiwerk zwischen Reihenhaus und Sehnsucht nach Wahrheit?

Wahrheit als solche gibt es nicht. Wahrheit wird immer subjektiv empfunden. Der Afrikaner friert in Hamburg: »In Hamburg ist es kalt.« Eine wahrhaftige Aussage?

Der Isländer schwitzt in Hamburg, ihm ist es zu warm: »In Hamburg ist es heiß.« Wer hat Recht oder Unrecht?

Egal. Richtige Wahrheiten stehen über der Aktualität des Alltags und auch über den naiven Beispielen, die ich angeführt habe. Beispiele, mit denen jede Diskussion zum Thema beginnt und auch endet; Beispiele, die so naiv gar nicht sind.

Wenn wir uns jetzt auf die alte Kunst der Hexen besinnen, gerade jetzt, im Wirbel der Jahrtausendhysterie und im Strudel des Esoterikjahrmarkts, dann sind wir garantiert auf der richtigen Seite.

Denn endlich hat so eine Art Rückbesinnung auf die Natur begonnen, und wir Hexen waren schon immer sehr mit der Natur verbunden. Während die Männer sich als Jäger, Sammler, Krieger und Chaoten betätigten, konnten wir Frauen uns auf andere Aufgaben besinnen. Es waren Aufgaben und deren Lösungen, die in den von Männern geschriebenen Geschichtsbüchern nie so prominent vermerkt worden sind wie Eroberungen, Kriege und andere Mordtaten, die aber bis heute gültig sind: die Weisheiten der Hexen.

Hexen, das wissen wir inzwischen, sind nichts anderes als spirituell begabte Frauen. Ich bin sicher, dass die eine oder andere Leserin dieses Buches, ohne es zu wissen, ebenfalls eine Hexe ist.

Ja, Hexen sind konservativ. Sie bewahren und pflegen das Wissen aus alten Tagen. Sie respektieren das Leben von anderen, auch das von Pflanzen. Sie lesen Bücher wie *Heilkräuter und Zauberpflanzen zwischen Haustür und Gartentor* (AT Verlag) oder *Zauberkräuter Hexengrün* (Kersken-Canbaz-Verlag) und lernen daraus.

Was sind Heilkräuter, was Unkräuter? Hat nicht auch ein so genanntes Unkraut positive Aspekte? Hat Hildegard von Bingen Recht oder ist sie eine Blenderin? Ist Rückschritt Fortschritt? Oder ist es umgekehrt?

Ich weiß nicht, wie andere Hexen auf solche Fragen reagieren. Ich weiß aber, wie ich damit umgehen muss. Mit folgender Erklärung: 1. Das mittelalterliche Hexenwissen hat immer noch Bestand. 2. Das mittelalterliche Hexenwissen ist nicht das Nonplusultra, es wird durch aktuelle Erkenntnisse ergänzt oder ersetzt.

Mehr darüber im nächsten Kapitel.

3

Das Leben leichter machen
mit magischen Ölen
und Kräutern

Wir können nur ungefähr schätzen, wann und wie die Menschen damit angefangen haben, sich mit der Kraft der Kräuter und Öle auseinander zu setzen. Was als ziemlich sicher gilt, ist die Tatsache, dass es wohl die Phönizier waren, die um die Geheimnisse dieser Substanzen und Mischungen wussten. Sie trieben Handel damit, sowohl mit einzelnen Rohstoffen zur Selbstherstellung als auch mit bereits fertigen Mischungen. Das war lange vor unserer Zeitrechnung.

Viel wichtiger als eine zeitliche Bestimmung des Ursprungs ist die Tatsache, dass es dabei nie allein um den Wohlgeruch ging, sondern dass mit dem Gebrauch von gewissen Ölen immer eine Absicht verbunden war. Es kann ja gut sein, sowohl in vorchristlicher Zeit als auch heute, dass etliche Menschen das Öl lediglich als Parfüm benutzen, ohne dabei über seine Wirkung und magische Bedeutung nachzudenken. Wobei der Begriff »magisch« gar nicht so ernst gesehen werden muss. Duft hat Wirkung, so einfach ist das. Man muss nur wissen, welcher Duft welche Wirkung auslöst.

Schon die alten Griechen und Römer wussten um diese Zusammenhänge; sie wurden von Generation zu Generation überliefert. Das gilt auch für andere Kulturen, zum Beispiel die der Ägypter. Wenn Königin Cleopatra ihren römischen Lover Gaius Julius Cäsar ins Lotterbett locken wollte, salbte sie sich vorher mit Sandelöl. Ob sie sich über die Wirkung dieses Öls bewusst war, spielt eigentlich keine Rolle. Denn sie hat jedes Mal damit erreicht, was sie wollte.

Auch ist es schon von jeher bekannt, dass sich vor allem kranke Menschen mit den Wirkungen von Ölen beschäftigen. Wer krank ist, strömt einen gewissen Geruch aus: einen unangenehmen, der nach Krankheit riecht. Kranke Menschen empfinden diesen Geruch selbst als störend und isolierend. Es hat schon seinen Grund, warum sich viele Zeitgenossen davor scheuen, einen Besuch im Krankenhaus zu machen. Alles riecht zwar irgendwie steril und sauber, dennoch können all die scharfen und sterilen Putzmittel den Geruch der Krankheit nicht übertünchen. Er ist da, wie der Gilb in der Gardine. Und er bleibt auch da.

Öle und Kräuter, woher sie auch kamen und welche Handelswege sie auch immer durchlaufen mussten, waren stets eine teure Angelegenheit. Nur die Reichen konnten sich den Luxus leisten, diese Stoffe zu erwerben und anzuwenden, sei es nun in Kräuter-, Öl- oder Salbenform. Darum war es immer schlau, sich um die Freundschaft von Menschen zu bemühen, die sich diesen Luxus leisten konnten, denn sie hatten meist nicht nur Geld, sondern auch Einfluss. Die Juden sprachen von einem »Gesalbten«; bei uns geht es heutzutage mehr um andere Statussymbole: um schöne Kleider, Autos, Häuser, Motorboote und vieles mehr. Die »Gesalbten« von heute umgeben sich mit dem Parfüm des Geldes und dem der Macht, sei sie auch nur angedeutet.

Warum wälzen sich Hunde gerne im Kot größerer Tiere? Weil sie deren Geruch annehmen wollen. Und warum legen Möchtegerns mit Vorliebe teure Parfüms auf? Weil sie den Geruch der Elite vortäuschen wollen.

Der Gebrauch von duftenden Kräutern und Ölen ist also immer mit einer Absicht verbunden. Er soll deren Anwendern das Leben in speziellen Situationen oder auch ganz generell erleichtern. Das war und ist ein ehernes Gesetz. Auch wenn sich manche Leute dieser Tatsache gar nicht bewusst sind.

Noch mal: So funktioniert's!

Ich habe schon in meinen vorausgegangenen Büchern darüber gesprochen, und ich werde auch dieses Mal darauf hinweisen. Öle, Kräuter, Parfüms verursachen immer eine Wirkung. Egal, ob wir uns nun damit einreiben, einen Tee machen, eine Salbe oder ein Bad bereiten oder was auch immer. Denn nach dem Gebrauch dieser Substanzen nehmen wir einen anderen Geruch an.

Dieser Geruch muss gar nicht penetrant oder in irgendeiner Weise auffällig sein. Er wirkt subtil, sorgt für Stimmungen und Gefühle, für Reaktionen und Gegenreaktionen.

Nicht umsonst sprechen wir davon, dass wir die eine Person riechen können, die andere aber nicht. Das hat schon seinen Grund.

Unser Geruchssinn ist zwar inzwischen ziemlich verkommen und verkümmert, aber nicht in einem Maß, dass wir uns nicht mehr auf ihn verlassen könnten. Umweltdüfte wie Autoabgase, Zigarettenrauch und viele andere sorgen für eine gewisse Abstumpfung unserer Nase. Trotzdem nehmen wir, wenn auch unterbewusst, fast jeden Geruch als einzelne Information wahr.

Was liegt also näher, als über den Weg der Nase unser Glück manipulieren zu wollen? Und mit dem Auflegen gewisser Öle dem Schicksal ein bisschen nachzuhelfen?

Lassen Sie mich in diesem Zusammenhang von Magie sprechen. Denn hier geht etwas Geheimnisvolles vor, das zwar in seiner Wirkung bewiesen, in seiner Wirkungsweise aber noch längst nicht wissenschaftlich untermauert ist. Düfte wirken geheimnisvoll auf unser Selbst, und wir können nur nach der Trial-and-Error-Methode vorgehen. Versuchen, irren – und dabei schlauer werden. »Spagliando si impara«, sagt der Italiener, was übersetzt nichts anderes heißt als: »Indem wir Fehler machen, lernen wir.«

Ein wichtiger Punkt, wenn es um das Erreichen eines speziellen Zieles mit der Verwendung von Ölen, Salben und Kräutern geht, liegt auf der Hand: Wenn sich jemand mit einem gewissen Hintergrund oder Zweck einölt, programmiert er sich schon während der Handlung auf den angestrebten Erfolg. Er konzentriert sich auf sein Ziel, verwendet diese oder jene Mischung, dieses oder jenes Kraut oder Öl, begeht darin fast einen Akt der Meditation, des positiven Briefings. Kein Zweifel, dass er Erfolg haben wird. Dass er durchstartet wie ein Rennauto, dass er sich von nichts mehr aufhalten lässt. Ob dann letztlich der neue Duft oder seine Meditation den Erfolg gebracht hat, ist nicht mehr wichtig. Wichtig ist nur, was unterm Strich dabei rauskommt.

Woher wir Hexen dieses Wissen haben

Klare Frage, klare Antwort: Wir wissen es nicht. Denn der Umgang mit Kräutern und Ölen ist so alt wie die Menschheit selbst. Wir haben uralte Rezepte aus der Indianer- und Eskimokultur, wir pflegen, schützen, ergänzen sie, dennoch liegt die Quelle des Wissens bis heute im Dunklen.

Ich habe es schon erwähnt: Es waren immer die Frauen, die sich mit solchen Sachen beschäftigten, denn die Männer hatten stets Besseres zu tun: jagen, brandschatzen, morden. Irgendwann wurden die Aufgaben innerhalb der Familie, des Clans oder des Dorfes stillschweigend verteilt. Frauen waren es dann, die sich um Heilkunde kümmerten, um Kräuter und Öle, um Salben und Tees. Sie haben sich ihr Wissen Stück für Stück erarbeitet. Weil die Männer dabei außen vor blieben, nicht mehr mitreden konnten, wurde ihnen das Ganze irgendwann unheimlich. Der Begriff »Hexe« wurde geboren. Weil die Männer etwas Unheimliches hinter dem tiefen Wissen vermuteten, weil sie sich nicht mit ihren Frauen zusammen weiterbilden wollten.

So wurden weise Frauen, die allein lebten, sehr schnell abgestempelt, Man(n) brauchte zwar hin und wieder ihre Hilfe, wollte aber ansonsten mit all dem scheinbar unheimlichen Machwerk nichts zu tun haben. Der soziale Sprengstoff, der in solchen Situationen liegt, ist unschwer zu erahnen. Und die Geschichte beweist uns, dass es für Frauen verdammt gefährlich sein kann, wenn sie, auf welchem Gebiet auch immer, mehr wissen als ihre Männer. Was übrigens auch noch heute gilt, wenn auch, den Göttern sei Dank, in abgeschwächter Form.

»Wissen ist Macht«, sagt der Volksmund. Zu Recht. Also wird kein gestandener Mann zulassen, dass seine Frau so etwas wie »Wissen« hat. Sie könnte ja damit Macht bekommen – unter anderem über ihn.

Das alte, traurige Spiel, abstrus bis lächerlich. Dass sich im Angesicht dieser schlechten Ausgangsposition dennoch so etwas wie ein universales und immer noch gültiges Hexenwissen etablieren konnte, ist mehr als verwunderlich.

Es gibt natürlich nicht nur altes Wissen. Wir achten und schätzen die von Generation zu Generation weitergereichten Weisheiten, scheuen uns aber nicht, sie durch neue zu ergänzen. Das Wissen von uns Hexen ist also keinesfalls statisch, sondern ergänzt und verbessert sich von Stunde zu Stunde.

Nein, wir sind keine Romantiker, wirklich nicht. Wir müssen nicht jedes Rezept aus dem Mittelalter gutheißen, nur weil es aus dem Mittelalter oder von der berühmten Hexe XYZ stammt. Wir Hexen sind zwar in einem gewissen Sinn konservativ, wollen Altes bewahren, dennoch ist es prinzipiell unser Bestreben, eine Brücke zwischen dem Vorgestern und dem Heute zu schlagen. Zumindest ist das mein Anliegen.

Es gibt also keine genauen Quellen, keine garantierten Erfolgserlebnisse, keine empirisch belegten Erfolgsquoten. Wenn Sie mich fragen: Das stört mich nicht im Geringsten!

Mehr als alle empirisch festgestellte Schlauheit schätze ich die Praxis meines Hexenladens in München. Hier tobt das Leben, hier gibt es jeden Tag neue Herausforderungen. Vom ungeschickten Kaufmann bis hin zum potenziellen Selbstmörder ist alles drin. Und so gibt es auch Gelegenheiten genug, die Wirkung von uralten Hexenrezepten zu überprüfen.

Nein, meine Klienten sind keine Versuchskaninchen, wirklich nicht. Ich arbeite mit praktischen Ärzten, Psychologen und Psychiatern zusammen, werde also verantwortungsbewusst und im Zweifelsfall meine Klienten eher weiterempfehlen als irgendeinen Hexenmist zu bauen.

Dennoch gibt es oft genug Beispiele, bei denen ich als Hexe tätig werden muss und kann.

Jasmin ist 29 Jahre alt, sie kommt seit zwei Jahren regelmäßig zur Beratung. Ihr Mann arbeitet bei der Polizei, ist also »Bulle«, wie der Volksmund leicht respektlos sagt. Leider ist er im Bett alles andere als ein Bulle; auf jedes noch so kleine Problem reagiert er mit sexueller Verweigerung. Worunter Jasmin natürlich extrem leidet. Sie fühlt sich als Frau nicht mehr begehrenswert, hat Probleme mit ihrem Selbstbewusstsein. Bis ich ihr den Tipp gab, Jezabel- und Cleopatra-Ölmischungen (was das genau ist, davon später) zu verwenden. Sie soll das gleichmäßig auf der Haut verteilen. Seit zwei Jahren macht sie das nun; und Jasmin und ihr Bulle sind ein Traumpaar.

Auch Helga (39) hatte Probleme mit dem Sex. Ihre 15-jährige Ehe drohte zu verdursten, zumindest sexuell. Mit

Kamasutra-Öl (eine spezielle Mischung, davon später) kam die Kiste wieder in Schwung. Ganz bewusst hat Helga ein Öl mit Kirschgeruch gewählt, ich weiß nicht, warum. Wahrscheinlich liebt ihr Mann Kirschen. Wie auch immer: Bei Helga und ihrem Mann ist nun das dritte Kind unterwegs, und beide freuen sich darauf.

Einen Selbstversuch habe ich auch schon hinter mir. Bronchitis, was nun? Ich besann mich auf ein Uraltrezept meiner Großmutter, irgendein schrecklich riechendes und noch schrecklicher schmeckendes Getränk, einen Sud aus Zwiebeln, Brennnesseln und Wacholder. Es hat gewirkt wie auf Knopfdruck. Magisch? Oder einfach schlau?

Der kleine Thomas – seine beiden Eltern sind Ärzte – leidet an Neurodermitis, wie so viele Kinder. Mit einer Indianerkräutermischung aus Mexiko, viel Lorbeer (aber nicht der von Tengelmann!) ist darin, war innerhalb von 14 Tagen der quälende Juckreiz weg. Es war der Beginn zum Heilungsprozess.

Woher weiß ich, wann ich Wacholder oder Kirschblüte anwenden bzw. empfehlen soll? Es gibt jede Menge Literatur, die mir diesbezüglich Hinweise gibt. Das sind Bücher aus alten Tagen, auf die ich mich nun mal verlassen muss. Denn ich habe weder die Zeit, selbst Kräuter zu sammeln oder Öle und Salben herzustellen, noch kann ich empirisch gestützte Versuche machen.

Das Wissen der Hexen hat auch viel mit Vertrauen zu tun. Wenn mir eine Schwester aus dem 13. Jahrhundert schriftlich einen Tipp gibt, so bin ich mehr als dankbar dafür. Immer wieder werde ich überrascht, wie effektiv diese Rezepte wirken.

Ist es also ein Wunder, wenn wir uns auf diese Rezepte

verlassen, sie selbst benutzen? Nein, wir können uns auf Erfahrungswerte stützen. Wir wissen, dass es so funktioniert, wie es funktionieren soll. Und wir wissen auch, wo unsere Grenzen sind. Jede verantwortungsvolle Hexe und jeder verantwortungsvolle Magier überweist seinen Klienten an einen Schulmediziner, wenn die Zeit dafür gekommen ist.

Schade ist allerdings, dass diese Gleichung nicht im umgekehrten Sinn funktioniert. Die meisten niedergelassenen Ärzte tun uns Hexen als Spinner ab, verkennen völlig die Möglichkeiten, die sich zwischen Schulmedizin und so genannter Esoterik auftun.

Das Beispiel von Jesus

Es gibt kaum jemanden auf dieser Welt, der uns auf so eindringliche und überzeugende Weise mit den Wirkstoffen von Kräutern und Ölen, darüber hinaus mit ihren magischen Möglichkeiten, bekannt gemacht hat wie Jesus von Nazareth. Natürlich gibt es über diesen Menschen, den die Christen als Gott verehren, so gut wie keine historisch sicheren Quellen. Was wir über ihn wissen, haben wir von den so genannten vier Evangelisten der Bibel, allesamt Schriftsteller, die Jesus persönlich gar nicht gekannt haben, die sich nur auf mündliche Überlieferungen berufen können. Das erste Evangelium entstand ungefähr 200 Jahre nach Jesu Tod. Umso erstaunlicher ist aber, und das sage ich jetzt nicht als Hobby-Bibelforscherin, dass es innerhalb der vier Texte Übereinstimmungen gibt, die zwar teilweise auf plumpes Abschreiben zurückzuführen sind, andererseits aber auch auf mündlich überlieferte Fakten, die 200

Jahre nach dem Tod des Schreiners aus Nazareth anscheinend immer noch unverändert erhalten blieben.

Dass die Evangelien, je später sie geschrieben wurden, immer schwärmerischer und unglaublicher erscheinen, dass sie Jesus nicht nur zum Wundertäter, sondern auch zur spirituellen Lichtgestalt werden ließen, darf uns im Zusammenhang mit dem Thema dieses unseres Buches heute ausnahmsweise nicht stören. Und dass im Namen des Gottes der Christen im Laufe der Geschichte viele Menschen grausamst gefoltert und getötet wurden, nicht zuletzt meine Schwestern aus dem Mittelalter, muss an dieser Stelle ebenfalls außer Acht bleiben. Jesus von Nazareth hat Derartiges sicher weder gewollt noch würde er es heute im Nachhinein gutheißen. Wie sagten doch einst die Hippies so nett? »Jesus ist okay, aber das Bodenpersonal kannst du in der Pfeife rauchen.« So ähnlich sehe ich das auch.

Ich erkenne Jesus als einen großen und spirituell begabten Menschen an, auch als Magier, und das muss sozusagen als Rechtfertigung in diesem Zusammenhang erst mal genügen.

Für das Wissen um Kräuter und Öle, mit dem ihm drei Astrologen aus dem Orient schon kurz nach seiner Geburt entgegentraten, kann das Wickelkind Jesus natürlich nichts. Dennoch dürfen wir erstens davon ausgehen, dass es diese drei Astrologen wirklich gegeben hat (die »Weisen aus dem Morgenland« haben Namen und Adressen, sind außerbiblisch registriert) und dass sie zweitens Gold, Weihrauch und Myrre mitbrachten, da sie der Meinung waren, bei diesem Kind handle es sich um den neuen »König der Welt«, den der alttestamentarische Prophet Jesaja angekündigt hatte.

34

Die Juden, damals schmerzhaft unter der Besatzungsmacht aus Rom leidend, dachten bei dem Begriff König natürlich erst mal an jemanden, der ihnen die Besetzer vom Hals schafft, obwohl die Definition des Jesaja anders lautete. Aber das ist hier nicht von Belang, denn wir sehen ganz deutlich: Einem König, welcher Art auch immer, stehen anscheinend Schätze zu. Natürlich Gold, Reichtum und damit Macht. Viel Gold kann es nicht gewesen sein, was die Astrologen dem Kind vor die Wiege oder Krippe gelegt haben, denn es ist belegt, dass die Familie stets arm war. Es ging wohl eher um die symbolische Präsenz von Gold. Dann aber Weihrauch. Weihrauch ist eine aus Baumrinden gewonnene Substanz, die spirituell betört, die nur den Mächtigen und den Göttern zusteht. Weihrauch dient unter anderem der Erleuchtung. Nicht umsonst meinen die Katholiken, jeden Sonntag so oft wie möglich diese Räucherung anwenden zu müssen. Mit dem Ergebnis, dass es bei einer derartigen Überdosierung vielen Besuchern der Zeremonie (Messe) schlecht wird. Unter Myrre dürfen wir eine Heilsalbe verstehen. Sie wurde in jenen Zeiten aber nicht nur zum Heilen verwendet, sondern auch zum Einbalsamieren von Leichnamen.

Gerne spekulieren schlaue Bibelforscher immer wieder Symbolkraft in diese drei Geschenke hinein. Die Kombination von Gold, Weihrauch und Myrre war nicht unbedingt eine Erfindung dieser drei Astrologen. Die Zusammenstellung dieser Geschenke hatte eine lange Tradition. Das Eine gehörte zum anderen. Wie in Bayern die Weißwurst zu süßem Senf und Brezen. Oder wie in Norddeutschland das Spiegelei und die Essiggurke zum Labskaus.

Wie auch immer, es gilt festzuhalten, dass das Leben des

berühmten Jesus mit Kräutern und Ölen begann. Und wir wissen, dass er damit geradezu hineingeworfen wurde in eine Tradition, die es schon lange vor ihm gab, die er aber zum Wohle Dritter umsetzen und perfektionieren konnte.

Seit nach dem spektakulären Fund der Kumran-Rollen bekannt ist, dass die früh- oder vorchristliche jüdische Splittersekte der Essener sehr viel von Naturheilkräften wusste, dass fast alle Mitglieder dieser Sekte sowohl Magier als auch Heiler waren, wird deren Verbindung zu Jesus von Nazareth untersucht. Zu ähnlich sind sich die Thesen, zu verblüffend die Gemeinsamkeiten. Etliche Historiker gehen davon aus, dass Jesus mindestens zwei Jahre bei dieser Sekte gelebt hat. Andere suchen noch nach dem letzten Beweis.

Interessant ist, wie dieser Jesus dann all die Wunder vollbracht haben soll, die ihm nachgesagt werden und die bei den Christen sozusagen als Beweis für seine Göttlichkeit herhalten müssen. Natürlich ist klar, dass eifrige Schwärmerei der jeweiligen Autoren die »Wunder« ausgeschmückt, erhöht und vielleicht sogar erfunden haben mag. Aber einige leuchten mir ein.

Wenn Jesus »die Blinden sehend gemacht« hat, kann ich mir durchaus vorstellen, dass er gewisse Kräutersude zum Auswaschen der Augen eingesetzt hat. Sicherlich ist er lediglich in Einzelfällen um Rat angegangen worden, natürlich meist von Leuten, die ihn für einen Gott hielten und daher spirituell besonders aufgeschlossen für eine Heilung waren. Krankheiten, die unter heutigen Gesichtspunkten eigentlich gar keine mehr sind, wirkten mehr als bedrohlich in jenen Tagen. Menschen, die mit den Kräften der Natur heilen konnten, mussten daher zwangsläufig als göttlich erscheinen.

»Jesus macht die Lahmen gehend.« Schön für die Lahmen, und schön für Jesus. Was bitte schön verstehen wir unter »lahm«? Wer verstauchte Beine mit der richtigen Salbe oder dem richtigen Öl einreibt, muss noch lange kein Wundertäter sein. Heute machen wir das selbst; wir gehen in die Apotheke, in den Hexenladen oder manchmal auch in den Drogeriemarkt und holen uns genau das Öl oder genau die Salbe, die uns »wieder gehend« macht.

Verstehen Sie mich jetzt bitte nicht falsch. Die Absicht dieses Kapitels ist es bestimmt nicht, einen großen Mann wie Jesus von seinem Thron herunterzuholen. Dafür habe ich viel zu viel Respekt vor ihm. Man muss aber alles im Zusammenhang mit der jeweiligen Zeit sehen, mit dem jeweils vorhandenen Wissen und mit der jeweils entwickelten Kraft, Neues auszuprobieren. Der Einsatz von Ölen und Kräutern, die richtige Substanz im richtigen Moment, meinetwegen auch mit Gebeten und Ritualen begleitet, um die Aufmerksamkeit der Seele zu stärken, das war schon immer gefährlich nah an »Hokuspokus«. Natürlich völlig zu Unrecht.

Wer heilt, hat Macht. Nachdem viele Menschen den Begriff Macht nur im Zusammenhang mit Machtmissbrauch kennen, vielleicht, weil sie selbst gern Macht hätten, um es mal all den anderen, die ihnen Verletzungen zugefügt haben, richtig zu zeigen, ist jeder, der Macht hat, suspekt. Das Gefühl der Macht kann durchaus zur Droge werden. Nichts ist erotisierender als Macht oder die vermutete Macht. Was oft dazu führt, dass hochgestapelt wird. Aber das ist ein anderes Thema.

Die vermutete Macht lässt Neider und Missgünstlinge aufkommen, die genau in dem Moment, in dem sie ihre

Chance wittern, gnadenlos mit ihrer eigenen Macht zurückschlagen. So kam es zur Hinrichtung des Jesus von Nazareth, zu Kreuzzügen, zu Hexenverbrennungen. Jesu Leichnam wurde übrigens mit Myrre einbalsamiert.

4

Genaue Anleitungen
für jede Lebenslage

Es ist an der Zeit, die typischen Probleme unserer Zeit auf-
zugreifen und damit auch einen Querschnitt aus meiner all-
täglichen Hexenladenpraxis zu skizzieren. Immer wieder
geht es um dieselben Probleme: Liebe, Geld, Krankheit, psychische Not und Lebensprüfungen. Unter Lebensprüfungen
verstehe ich Stresssituationen wie Examen, Führerschein,
Gerichtsprozesse und Entscheidungen am Arbeitsplatz.
Wenn ich die Probleme meiner Klienten zusammenfassen
soll, so ist dies wohl die treffendste aller Zusammenfassun-
gen. Ich glaube sogar, dass sich jedes menschliche Problem
dieser Welt in einer dieser Kategorien einordnen lässt.

Allen Problemstellungen muss folgende Einsicht zu
Grunde liegen: Probleme sind nicht dazu da, dass wir an ih-
nen verzweifeln. Sondern dazu, dass wir an ihnen wachsen.
Wer diese Einsicht verinnerlicht hat, ist der Lösung seines
Problems schon einen guten Schritt näher gekommen.

Viele dieser Probleme lassen sich schon in einem ver-
nünftigen Gespräch lösen. Nicht jedes Mal, wenn ein Kli-
ent eine Lebenshilfe benötigt, muss ich die Magie bemühen. Es ist leider so, und es wird immer schlimmer, dass
viele Menschen niemanden zum Reden haben. Dabei ist

das Aussprechen – besser noch das Aufschreiben – eines Problems schon der halbe Weg zu dessen Lösung. Denn die Erkenntnis, zwischen sich und die Aufgabe den Abstand des gesprochenen oder geschriebenen Wortes gebracht zu haben, hilft schon viel. Das Problem tritt nämlich auf diesem Weg nach außen; es wird ein wohltuender Abstand geschaffen. Ein Abstand, der zumindest dafür sorgt, dass man es genauer betrachten kann. Die Erkenntnis des Problemes und auch die Selbsterkenntnis sind ungeheuer wichtig.

Doch wer nun davon ausgeht, dass Selbsterkenntnis »der erste Weg zur Besserung« ist, wie ein altes Sprichwort behauptet, liegt fatal falsch. Selbsterkenntnis ist eben *nicht* der erste Weg zur Besserung, sondern einfach nur Selbsterkenntnis. Zwischen dem Hirn und dem Herzen ist noch ein langer Weg. Auf die Überbrückung dieses Weges kommt es an; dann erst können wir von einem Schritt zur Besserung reden. Es kann nämlich durchaus sein, dass die Selbsterkenntnis die Lage des Betroffenen erst mal verschlimmert, weil das Problem zum ersten Mal in seiner ganzen Breite und Bedeutung erkennbar geworden ist. Dennoch ist es unumgänglich, diesen vielleicht schmerzhaften Weg der Selbsterkenntnis zu tun. Faule Kompromisse bei der Selbstanalyse und feiges Wegsehen werden nämlich das Problem nur noch vergrößern.

Viele Ratgeber aus der Abteilung allgemeine Lebensberatung, manchmal sogar ein bisschen esoterisch oder auch möchtegern-magisch angehaucht, empfehlen in Konfliktsituationen ein angenehmes »Setting«. Darunter verstehen die Psychologen ein Innehalten in einer möglichst angenehmen Situationslage. Man soll sich einfach etwas Gutes tun, vom Problem erst mal Abstand nehmen. Wer keinen Abstand zu seinem Problem hat, kann es auch nicht anschauen. Denn es ist zu nah dran, klebt vielleicht als Schild auf dem Rücken (bildlich gesprochen), ist daher für die Augen nicht erreichbar.

Abstand verschafft man sich mit einem Setting wie folgt: Man räumt die Wohnung schön auf, fügt neue Einrichtungselemente dazu oder trennt sich von Sachen, die schon lange stören. Man kleidet sich neu ein, lässt sich ein schönes Wannenbad ein, kauft sich Blumen, hört wohltuende Musik, gönnt sich eine neue Frisur. Wer das Geld dazu hat, ändert seine Umgebung komplett, gönnt sich einen Kurzurlaub. Jeder Mensch entscheidet selbst und individuell, was für ihn das angenehmste Setting ist.

Natürlich wird das Setting auch des Öfteren von seiner Machbarkeit abhängen. Wer massive finanzielle Probleme hat, sollte also nicht unbedingt einen teuren Urlaub buchen. Und man kann auch keine Gegenstände so einfach aus der Wohnung entfernen, die dem Partner lieb und teuer sind. Daher wird das bestmögliche Setting immer ein Kompromiss aus Wunsch und Machbarkeit sein. Auf jeden Fall aber wird auch eine »kleine Lösung« besser sein als der bereits vorhandene Zustand.

Angenehme Düfte gehören ebenfalls zum Wohlbefinden. Der Geruchssinn ist wohl einer unserer wichtigsten. Seltsamerweise ist seine Bedeutung noch nicht richtig erforscht. Vieles bleibt im Ungewissen. Hier tritt die Magie auf den Plan: das Wissen aus alten Zeiten, ergänzt durch neue Erfahrungen und seine uns bekannten Wirkungen.

Wer bei der Auswahl seines Lieblingsduftes rein spontan zu Werke geht, verschenkt viele Chancen. Im schlimmsten

Fall verschlechtert er mit einem falschen Duft oder Parfüm sogar seine Lage.

Man geht ja auch nicht zum Arzt, um dann mit einer Hand voll irgendwelcher Tabletten wieder nach Hause zu trotten, egal, um welche Tabletten es sich dabei handelt. Jedes Leiden hat seine besondere Medizin. Man kann seinen Zustand mit den falschen Tabletten sogar noch verschlimmern, kann sich damit in verdammt gefährliche Situationen begeben.

Ähnlich ist es bei Kräutern und Ölen. Wir sollten genau darauf achten, welches Öl wir zur Parfümierung oder zur Einreibung verwenden, welches Kraut wir für welchen Tee verwenden. Und das nicht nur dann, wenn wir eine Wirkung damit erzielen wollen, sondern überhaupt.

Dabei spielen die Dosierung und die Anwendungsweise eine nicht zu unterschätzende Rolle. Noch mal der Vergleich mit der Arztpraxis: eine Tablette Aspirin mag bei Kopfschmerzen hilfreich sein, zwanzig davon sind von Übel. Und wer Aspirin auf nüchternen Magen einnimmt, bekommt ebenfalls derbe Probleme. Dosierung und Anwendung sind wesentlicher Teil der Therapie.

Wer also ein sexuell stimulierendes Parfüm oder Öl im Übermaß verwendet, darf sich nicht wundern, wenn sein penetranter Duft alles andere als stimulierend wirkt, vielleicht sogar abstoßend.

In den folgenden Kapiteln daher genaue Hintergrundinformationen in Sachen Öle und Kräuter zu den umrissenen Problemen unserer Zeit. Dazu exakte Dosierungs- und Anwendungsanleitungen.

Probleme mit der Liebe

Aus der Praxis meines Hexenladens weiß ich, dass es wohl kaum ein größeres Problemfeld im zwischenmenschlichen Miteinander gibt als die Last mit der Lust. Entweder man hat keinen Partner, oder aber man hat den falschen. Und wenn man dann doch den richtigen hat, schläft irgendwann das Sexleben ein. Dazu kommen noch Randprobleme wie Eifersucht, Machtspiele, Unfruchtbarkeit und viele mehr. Den richtigen Partner oder die richtige Partnerin zu finden ist anscheinend eine der schwierigsten Aufgaben unserer Zeit.

Zumal ja fast jeder mit dem schier unerfüllbaren Anspruch an die Sache ran geht, dass es gleich der Partner »fürs Leben« sein muss, also für immer. Vor Romantik triefende Romane und Filme, außerdem fatale christliche Wertvorstellungen haben uns geprägt. Dabei gibt es – das sage ich immer wieder – die »ewige Liebe« vom ersten sexuellen Kontakt bis über Verlobung, Hochzeit und silberne und goldene Hochzeit eigentlich nur in der Reklame von Lebensversicherungen. Das Rentnerehepaar auf der Parkbank, das sich treu liebt wie am ersten Tag, ist heutzutage nichts als eine dumme Fiktion. Opa und Oma im immer währenden Glück, von der Jugend an. Und wenn sie nicht gestorben sind, dann leben sie noch heute.

Das Wort vom »Lebensabschnittsgefährten« hat sich zwar schon längst etabliert, die Akzeptanz dieser neuen Form des Zusammenlebens aber noch lange nicht. Dabei wissen wir doch alle, dass es so gut wie unmöglich ist, einen Partner zu finden, der stets alle Entwicklungen und Veränderungen nachempfinden und nachleben kann. Dabei ist es nur allzu logisch, dass verschiedene Lebensphasen durchaus auch verschiedene Partner nötig machen können. Oder dass zumindest die Wahrscheinlichkeit besteht, dass der »richtige« Partner im Alter von 20 anderen Ansprüchen genügen muss als mit 50. Warum sträuben sich also so viele Menschen gegen den »Lebensabschnittsgefährten«? Weil jede Trennung wehtut, auch wenn sie logisch begründbar ist? Oder weil immer noch das alte Romantikmärchen greift?

Liebe, Sexualität, Erotik – das waren schon immer die Hauptthemen der Menschheit. Und schon stets wollte man in diesen Bereichen wohltuend eingreifen, oft auch manipulieren. Es waren wohl die Phönizier, die lange vor Christus Kräuter zu Cremes und Ölen anmischten und die damit im alten Griechenland und Rom gute Geschäfte machten. Und das, obwohl ihr Kundenkreis relativ klein war. Denn nur sehr reiche Leute, insbesondere Königinnen und Könige, konnten sich den Luxus leisten, als »Gesalbter« durchs Leben zu schreiten.

Die Wirkung über den Geruchssinn ist bis heute noch nicht richtig erforscht. Warum wirkt der eine Duft sexuell stimulierend und der andere nicht? Keine Ahnung. Aber da ich mich weder als Chemikerin noch als Biologin sehe, verlasse ich mich auf Erfahrungswerte. Es hat sich einfach herausgestellt und bewährt, dass es »funktioniert«. Meine Schwestern aus dem Mittelalter haben Aufzeichnungen hinterlassen, an die ich mich halte, die aber durchaus auch durch neue Erfahrungen ergänzt und verbessert werden können. Auch von Ihnen selbst; dazu brauchen Sie nichts weiter als eine scharfe Beobachtungsgabe und einen wachen Verstand. Und freilich auch ein bisschen Mut zum Experimentieren. Denn Essenzen jeder Art, ob es sich dabei nun um ein einfaches Parfüm handelt oder um ein magisches Öl, das eine bestimmte Wirkung erzielen soll, verbinden sich stets ganz individuell mit dem eigenen Körpergeruch, mit der eigenen Körperchemie. Und entfalten deshalb ihren ganz eigenen Duft und ihre ganz eigene Wirkung. Dennoch gibt es etliche Grund- und Mittelwerte, die in fast allen Fällen greifen. Und davon will ich nun einige aufzählen.

Als Erstes die geheime Ölmischung **Adam and Eve,** die für beide Geschlechter anwendbar ist. Man kauft diese Ölmischung fertig abgefüllt in Esoterik- oder Hexenläden oder im Versandhandel. Ein paar Tropfen auf der Handfläche tun wahre Wunder, wenn es darum geht, einen Partner sexuell anzulocken. Man muss den begehrten Partner dann unauffällig mit der betropften Handfläche berühren, am besten bei der Begrüßung. Wer sich dabei auf sein Vorhaben konzentriert (»Wetten, dass wir beide heute noch im Bett landen?«), hat schon halb gewonnen. Seltsamerweise kann diese Ölmischung auch dazu verwendet werden, einen Streit zu schlichten. Warum, weiß keiner.

Die Mischungen **African Ju Ju, Vervana** oder auch **Kokos & Vanilla,** ebenfalls für Mann und Frau gleichermaßen benutzbar, machen ihre Benutzer im besten Sinne des Wortes verführerisch und attraktiv, über das Sexniveau hinaus. Sie sind wie Parfüms anzuwenden.

Beim Mann fehlt es oft an Potenz und auch an Fruchtbarkeit. **Banana-Öl,** morgens nach dem Aufstehen und abends vor dem Schlafengehen auf dem Solarplexus eingerieben, außerdem auch noch direkt vor dem Liebesakt, macht müde Männer munter. Und der Nachwuchs, so sagen es zumindest die alten Aufzeichnungen, wird sich ebenfalls bald einstellen.

Die Patschuli-Mischung **Desire** (auch »Bewundere mich«-Öl) ist wieder für beide Partner verwendbar. Und zwar in recht vielfältiger Weise. Man kann damit einen Brief beträufeln, die Handflächen einreiben oder es auch direkt vor dem Sex verwenden. Es ist ein starkes Aphrodisiakum und bringt Schwung in die Liebe, auch bei Langzeitpartnern, bei denen das Feuer der Leidenschaft schon ein bisschen am Verglühen ist.

Aus Zimt, Vanille, »Come to me«-Mischung und sieben Tropfen Patschuli besteht die Mixtur **Liebe mich,** geeignet für Männlein und Weiblein. Man wendet es am besten im Zusammenspiel mit einem kleinen Venusritual an, das Sie durchaus selbst gestalten und sogar selbst erfinden können. Bewährt hat sich aber Folgendes: An einem Freitag bei

Sonnenaufgang ritzen Sie in eine weiße, eine rosarote und in eine rote Kerze jeweils ein Herz, einen Mond und das Siegel der Venus (siehe Abbildung). Sie verbrennen alle Kerzen vollständig, lassen also keine Reste zurück. Das Öl ist vielseitig anwendbar: Sie geben es dem Putzwasser bei, sie stellen Öllämpchen auf, reiben die Handflächen damit ein oder beträufeln damit ein Liebesamulett, das sie in der Tasche oder am Hals (nicht im Geldbeutel!) stets mit sich tragen. Narzissen, getrocknet und dem Öl beigemischt, verstärken den Geruch. Und wozu das Ganze? Um die Fruchtbarkeit zu steigern.

Die fertige Mischung **Master-Öl** ist mit dem Gott Thor verbunden. Sie steigert bei Mann und Frau Liebe, Lust und Leidenschaft, hat aber auch den Aspekt der Macht. Also Vorsicht! Anwenden wie Parfüm.

Kokosöl, ebenfalls fertig zu kaufen, wirkt besonders im Zusammenhang mit Rosen- und Jasmin-Räucherungen. Rosen und Jasmin sind getrocknet erhältlich. Machen Sie die Hände und auch die Herzgegend dem Rauch zugänglich. Oder aber Sie bereiten aus dem Ganzen einen Sud, den Sie dann ins Badewasser geben. Am besten baden Sie natürlich kurz vor dem Ausgehen. Sie riechen dann attraktiv und erotisch anziehend.

Die Ölmischung **Come to me** lockt so ziemlich alles an, was Sie wollen, wirkt daher also nicht nur in sexueller Hinsicht. Sie beträufeln damit Ihren Hals und die Brust.

Wer der Treue seines Partners nachhelfen will, muss selbst mischen. Und zwar **Vanille, Kokos und neun Tropfen Bergamottöl.** Sieben Tropfen dieser Mischung, heimlich auf das Kopfkissen des oder der Liebsten geträufelt, sorgen dafür, dass er oder sie nur noch Augen für Sie hat.

Um Macht geht es auch bei dem Voodoo-Öl **Cleopatra.**
Es ist ein starkes Liebesöl für Frauen, die sich damit ihren
Körper, ihr Bett und speziell das Kopfkissen parfümieren
können. Besonders gut wirkt es als Massageöl für den Liebsten.

Citronella-Öl zieht Freunde und potenzielle (vielleicht ja
auch potente) Liebhaber an. Zehn Tropfen davon auf eine
Kerze geben oder in Putzwasser träufeln lassen. Der Erfolg
lässt nicht lange auf sich warten.

Lust, Liebe und auch Erfolg verspricht **Zimtöl.** Nicht
nur, dass es beim Anwender oder bei der Anwenderin ein
wohliges, fröhliches und wärmendes Grundgefühl auslöst,
es ist in Verbindung mit einem kleinen Ritual durchaus
auch für ein Wunschgebet tauglich und Erfolg versprechend. Schreiben Sie Ihren Wunsch auf ein Stück Papier, legen Sie dieses unter eine Kerze, zünden Sie die Kerze an und
warten Sie, bis die Kerze von allein verlischt. Das Papier
haben Sie vorher mit Zimt-Öl beträufelt, die Kerze mit
Zimt-Öl eingerieben. Sie konzentrieren sich auf Ihren
Wunsch und genießen den Geruch des Zimt.

Beim **Walnussöl** geht's einzig und allein um Sex, es ist ein
sehr starkes Liebes-Öl. Direkt vor dem Akt wie Parfüm
verwenden, und die Nacht wird unvergesslich. Sie können
aber auch eine Kastanie damit beträufeln und diese Kastanie dann dem oder der Angebeteten schenken. Danach
überziehen Sie schon mal die Betten neu.

Es gibt noch viele Öle mehr, die ich hier gar nicht alle
aufzählen will. Die Absicht ist immer die gleiche: der Liebe
oder dem Sex auf die Sprünge zu helfen. Informieren Sie
sich über das Komplettangebot, und entscheiden Sie sich
dann je nach Sympathie oder der beabsichtigten Wirkung

für den entsprechenden Duft. Manchmal muss man eine ganze Zeit lang experimentieren, bis man das Richtige und individuell wirksame Öl gefunden hat.

Was sehr wichtig im Umgang mit allen Ölen ist: die Dosierung. Man kann sehr viel falsch machen, wenn man zu viel des Guten tut. Weniger ist immer mehr, wie ein Parfüm auch. Goldrichtig liegen Sie dann, wenn der Geruch des Öles als solcher gar nicht für sich wahrgenommen wird, sondern nur unterbewusst auf Ihre Umwelt wirkt. Alles andere ist Unsinn und Verschwendung von teuren Essenzen.

Sie können mit überdosierten Ölen, sowohl in ihrer Wohnung, an Ihrer Kleidung oder auch an Ihrem Körper, eigentlich nur unerwünschte Reaktionen hervorrufen. Jeder von uns kennt irgendeinen Mitmenschen, der sich überparfümiert und damit erst mal Abstand zwischen sich und den Rest der Welt bringt. Zu viel Parfüm riecht nicht gut, es stinkt.

Bei magischen Ölen, also bei Ölen mit bisher unerklärlicher Wirkung, kommt noch dazu, dass eine Überdosierung auch eine unerwünschte Überreaktion hervorrufen kann.

Ich erinnere mich gut an eine bekannte Schauspielerin, die zu mir in meinen Hexenladen kam. Sie hatte ein typisches Problem: Ihr Lover war verheiratet, und sie wollte ihn von seiner Frau loseisen und ganz für sich gewinnen. Diese Frau ging recht gierig und verschwenderisch zu Werk, verbrauchte in knapp 14 Tagen eine riesige Packung Kamasutra-Öl mit Honigstaub. Anfangs war sie froh über das plötzliche und ungeteilte sexuelle Interesse ihres Liebhabers. Doch als sich die Beziehung der beiden nur noch im Bett abspielte, wurde ihr der neue Zustand lästig. Sie konnte sich waschen und duschen, so viel sie wollte, der

Geruch des Öls blieb an ihr haften. Schließlich musste sie ihre Beziehung beenden, weil sie sich nur noch wie ein Sexobjekt vorkam.

Eine Klientin aus Stuttgart, die alle sechs Monate zum Ölkauf zu mir nach München kam, versuchte es ebenfalls mit einem der sehr dickflüssigen Kamasutra-Öle. Sie wollte ihre schlapp gewordene Ehe wieder in Schwung bringen. Sie experimentierte in richtiger Dosierung mit verschiedenen Geruchsvarianten, bis es endlich funkte: Kirsch musste es sein! Denn wenn sie sich und ihre Wohnung mit Kamasutra-Öl mit Kirsch einrieb, wurde ihr Mann zum Marathon-Liebhaber. »Sie können sich gar nicht vorstellen«, sagte sie, »was der jetzt alles mit mir anstellt. So was hat er nicht mal in der ersten Verliebtheitsphase gemacht. Er will und kann überall. Auf der Treppe, im Freien, im Fahrstuhl und so weiter.« Die Stuttgarterin war glücklich. So viel ich weiß, ist sie es heute noch.

Eine sehr schöne Sozialpädagogin, gerade mal 32 Jahre alt und wegen eines ganz anderen Problems bei mir in der Beratung, zeigte mir mal das Foto ihres Partners. Ich konnte meine Überraschung nicht verbergen: So ein unattraktiver Kerl! Was fand sie nur an ihm? »Lachen Sie mich nicht aus«, antwortete sie, »er riecht einfach unglaublich gut!«

Nein, ich habe sie nicht ausgelacht. Denn die Zusammenhänge sind jedem bewussten Menschen klar. Eine Wahrnehmung, die über ein Sinnesorgan geht, also direkt über das Auge, das Ohr oder auch direkt über die Nase, spricht unsere Instinkte an. Und gegen Instinkte sind wir machtlos.

Probleme mit dem Geld

Die Instinkte spielen auch beim Thema Geld eine wichtige Rolle. Wie wir alle Wissen, gibt es Menschen, die »ein Händchen fürs Geld« und gute Geschäfte haben, andere wiederum können sich abstrampeln, wie sie wollen, und kommen finanziell nie auf einen grünen Zweig. Freilich mag das auch mit unterschiedlichen Kulturen, Erziehungen und Ausbildungen zu tun haben, dennoch müssen wir feststellen, dass die Persönlichkeit jedes Einzelnen irgendetwas mitbringt, durch das ihr individuelles Verhältnis zu Geld geprägt wird. Oder eben nicht.

Geld, das dürfen wir nie vergessen, ist ein sehr gefährliches zwischenmenschliches Medium. Denn es ist untrennbar auch mit dem Faktor der schwarzen Macht verbunden. Wer viel Geld hat, ist auch mächtig. Diese Macht muss nicht mal missbraucht werden im gesellschaftlichen oder auch im politischen Sinn; allein die Kaufkraft des Besitzers verschafft ihm Macht und Ansehen. Und dann dreht sich die Spirale nach oben: angezogen von dem Machtfaktor Geld wird sich dessen Besitzer vor weiterreichenden und lukrativen Geschäften, die ihm angeboten werden, kaum mehr retten können. »Geld kommt zu Geld«, wie ein altes Sprichwort sagt.

Dieser Machtfaktor kann dann sehr schnell betriebsblind machen. Ab einer gewissen Summe auf dem Konto wird man feststellen, dass es unmöglich ist, mehr zu tun, als sich seine persönlichen Bedürfnisse zu erfüllen. Man kann nicht mehr essen und trinken, als der Körper verträgt, man kann immer nur in einem Haus gleichzeitig wohnen und man kann immer nur in einem Auto gleichzeitig fahren. Nun macht sich die Macht selbstständig: Man kauft sich Menschen. Als Personal zur persönlichen Bequemlichkeit, als Geschäfts- oder auch als Sexpartner. Ein Teufelsspiel. Ja, Geld ist eine Erfindung des Teufels. Es ist nun mal beschlossen und verkündet, dass wir es brauchen, darauf haben sich fast sämtliche Kulturen dieser Welt geeinigt, aber es kann uns das Leben auch ganz schön verderben. Die Kluft zwischen Arm und Reich sorgt für sozialen Sprengstoff, denn sie ist ungerecht und unmenschlich. Besonders dann, wenn der eine nichts zu essen und zu wohnen hat und der andere vor lauter Luxus nicht mehr weiß, was er mit sich anfangen soll.

Gibt es eigentlich all das Geld dieser Welt, das auf bedruckten Papierfetzen irgendwo und irgendwie kursiert? Soll Geldwert nicht durch Gold und Schätze gedeckt sein? Oder geht es nicht vielmehr um rein fiktive Zahlenspiele? Sämtliche Nationen sind verschuldet, und das in Milliardenhöhe. Dennoch funktioniert das Spiel mit den bedruckten Papierfetzen. Wie lange noch?

Meine persönliche Einstellung dazu: Man soll sich seine Wohnung leisten können, seine Nahrungsmittel, ein bisschen Freude haben und auch mal in Urlaub fahren können – alles darüber hinaus ist von Übel und verdirbt den Charakter. »Money is the root of every evil« singen Pink Floyd, Geld ist die Wurzel allen Übels, und die Mitglieder dieser Rockgruppe streiten sich untereinander um Millionentantiemen. Wofür und warum? Jeder Einzelne von ihnen ist reicher, als die meisten von uns sich das auch nur annähernd vorstellen können.

Dennoch gilt, und hier wieder ein altes Sprichwort: »Geld

macht nicht glücklich, aber es beruhigt.« Wer jedes Mal nur mit Angst seinen Briefkasten öffnet, weil schon wieder eine Rechnung oder eine Mahnung drinliegen könnte, der kann sich nicht mehr am Leben freuen. Geschweige denn der, der am Montag noch nicht weiß, was er am Dienstag seinen Kindern zu essen geben soll.

Ob aus geschäftlicher Ungeschicklichkeit oder aus Leichtsinn, aus Verschwendungssucht oder Geltungsbedürfnis – immer mehr Menschen leben auf Kredit. Die Kredite werden ihnen direkt nachgeschmissen. Um dann, nach einer gewissen Schonzeit, dafür wieder umso gnadenloser und mit Zins und Zinseszins wieder eingefordert zu werden.

Wenn ich in diesem Kapitel ein paar Ratschläge gebe, wie Sie sich mittels Pflanzen und Essenzen anziehender in Sachen Geld machen können, so muss ich einen wesentlichen Punkt vorausschicken: All meine Tipps funktionieren nur, wenn sie in Notlagen angewendet werden. Man kann sie also nicht dazu missbrauchen, seinen Wohlstand zu vermehren oder so aus Spaß, aus Freude am Geldverdienen und am Luxus. Wer sich in dieser Absicht an dieses Thema heranpirscht, sollte sein Vorhaben am besten gleich vergessen – nicht aus moralischen, sondern aus egoistischen Gründen. Denn die negativ besetzte Macht des Geldes kann zum persönlichen Bumerang werden, kann Pech und Unglück bringen.

Widmen wir uns nun ein paar Beispielen, mit denen sich »Geld machen« lässt. Oder besser gesagt: mit denen sich die unüberwindbar scheinende Brücke zwischen Ihnen und der Macht Geld begehbar machen lässt.

Besorgen Sie sich mal eine **Afrikanische Rattlesnake-Wurzel,** ebenfalls zu erhalten in Esoterik- und Hexenläden.

Die Hälfte davon tragen Sie mit sich am Körper, die andere Hälfte legen Sie in Ihre Schublade oder Kasse. Beträufeln sie diese Wurzelstücke mit **Geld-Öl,** als fertige Indianer-Geheimmischung ebenfalls käuflich.

Auch mit **Beifuß-Kraut,** überall zu kriegen, vielleicht sogar im eigenen Kräutergarten, können Sie den Geldfluss anziehen. Sie räuchern mit dem getrockneten Kraut Ihr Haus oder Ihre Wohnung. Und/oder Sie machen sich daraus einen Sud (Kochzeit fünf Minuten), reiben sich damit die Handflächen ein und geben einen Teil davon ins Putzwasser.

Der Lebensbaum **Zypresse** gilt auch seit langen Generationen als Geldmagnet. Sie können ein Zypressen-Öl, fertig zubereitet, kaufen. Oder aber Sie kochen einen Sud aus Nadeln, reiben die Kasse und das Telefon damit ein, tragen einen Teil davon auf dem Körper auf. Und wenn Sie es mal mit dem Glücksspiel versuchen wollen, dann reiben Sie sich, kurz bevor Sie diesbezüglich aktiv werden und Lose, Würfel oder Lottoscheine anfassen, die Hände mit diesem Sud ein.

Ich persönlich schwöre auf die Mischung **Chango Macho,** die es als Öl oder auch in einer Geldkerze verarbeitet gibt. Man beträufelt damit ein paar Geldscheine und Münzen, zusätzlich ein Jupitersiegel (siehe Abbildung). Man reibt eine Orris-Wurzel damit ein, eine Kastanie oder auch das Siegel, bespricht den entsprechenden Gegenstand und trägt ihn dann immer bei sich. Hilft sowohl bei Geschäften als auch beim Glücksspiel.

Mandel-Öl kann man auch fertig kaufen, es lockt Geld magisch an. Ein einziger Tropfen auf einem Geldschein oder einem Scheck (vor dem Ausgeben!) wirkt Wunder. In der Verbindung mit einer Räucherung aus **Damiana-Kraut** wird es besonders wirkungsvoll. Man kann diese Räucherung auch ohne die Verbindung mit Mandel-Öl ausführen. Schon die alten Ägypter haben den Damiana-Rauch eingeatmet, um zu Geld zu kommen.

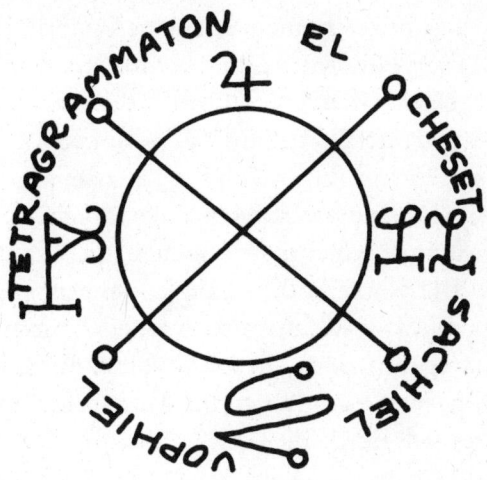

Ein kleiner Glücksbeutel aus **schwarzen Bohnen aus Lateinamerika** (drei Stück!), **Orris, Ingwer** und **High-John-Wurzel,** dazu ein selbst gemaltes Bildchen von einem Hufeisen, das Ganze besprechen, zieht Gewinn jeder Art an. Sie müssen den Beutel nur ständig bei sich tragen. Lateinamerikanische schwarze Bohnen sind im Zug der großen Kubawelle inzwischen in fast jedem Bioladen erhältlich, die anderen Zutaten besorgen Sie sich in einem Esoterik- oder Hexenladen.

Um eine geheime Indianermischung geht's beim **Easy Money-Öl.** Wie der Name sagt, verwenden Sie es dann, wenn Sie ohne großen Aufwand zu Geld kommen wollen oder müssen, wenn Sie keine Zeit haben, sich groß dafür anzustrengen. Einen Geldschein und ein bisschen Kleingeld damit beträufeln, dann in einem kleinen Glücksbeutel ständig bei sich tragen.

Einen Saft oder einen Sud machen Sie aus **Bayberry** (Beerentraube), die Sie sich auch in einem Esoterik- oder Hexenladen besorgen können. Sie beträufeln damit täglich Ihre Handgelenke. Sie können aber durchaus auch eine **Bayberry-Kerze,** fertig gekauft oder mittels Einreibung selbst hergestellt, in Ihrer Wohnung aufstellen. Legen Sie unter diese Kerze ein Stück weißes Pergament, auf das Sie zuvor die Summe geschrieben haben, die Sie unbedingt benötigen. Die Kerze soll so lange brennen, bis sie von selbst ausgeht. Die Wachsreste werden außerhalb Ihrer Wohnung weggeworfen. Dieses Bayberry-Ritual funktioniert seltsamerweise am besten bei Männern. Wahrscheinlich entfaltet sich durch die Anwesenheit maskuliner Energie erst seine Magie.

Das **Better Business + Success-Öl** ist wie Parfüm oder auch in Öllampen anwendbar. Es sorgt für eine bessere Mundpropaganda Ihres Geschäftes, aber auch, wenn Sie in einer Firma als Angestellter arbeiten, für ein höheres Ansehen Ihrer Person. Lohnerhöhung und/oder Beförderung werden dadurch spirituell unterstützt.

Glück, Anerkennung, Wohlstand im Allgemeinen werden durch die Ölmischung **Attraction** oder auch mit **Orangen-Öl** angezogen. Verwenden Sie diese beiden Öle wie Parfüm. Oder reiben Sie damit orangefarbene Kerzen ein, die Sie dann in einer kleinen rituellen Handlung restlos verbrennen.

Zum Thema »Probleme mit Geld« gibt es noch viele Mischungen, Einzelöle und -pflanzen. Man muss sich informieren und auch ein bisschen herumprobieren, bis man das Richtige gefunden hat. Was immer gilt, sowohl bei allen Salbungen als auch bei allen Ritualen, die Sie durchaus auch selbst erfinden und kombinieren können: innerlich erst mal loslassen, sich nicht mit Schuldgefühlen rumplagen, sich nicht von dem Geldproblem fertig machen lassen und die richtige Einstellung mitbringen. Auf diesen Punkt, den ich in all meinen Büchern immer wieder erwähnt habe, werde ich später noch ausführlicher eingehen.

Hier ein kleines **Wohlstands-Ritual,** das in Verbindung mit allen Salbungen sinnvoll ist: Sie nehmen an einem Donnerstag, Sonnenaufgang, zunehmender Mond, von einem beliebigen Baum drei Blätter, vergraben diese zusammen mit zwei Muskatnüssen, die Sie zuvor mit grünem (!) **Money-Drawing-Öl** beträufelt haben. Das ist auch wieder eine fertige und geheime Mischung aus dem Kulturschatz der Indianer. Der Vergrabungsort sollte unter dem Baum sein, von dem Sie die Blätter genommen haben. Dann sprechen Sie ein Gebet, zu wem auch immer. Hauptsache, Sie glauben an die Existenz des Geistes oder Gottes, zu dem Sie sprechen. Ich persönlich würde »Odin und die Meister« anrufen, sie um Wohlstand bitten mit einer überlieferten Formel oder besser noch mit meinen eigenen Worten. Dieses Gebet spreche ich dann dreimal hintereinander.

Stichwort Ritual. Ich erinnere mich noch gut an Roland B., einen 42-jährigen Arzt aus München. Er kam zu mir, weil er von mir ein Geldritual wollte. Seine Praxis war zwar gut besucht, aber die üblichen Rechnungen, vom Finanzamt und anderen bösartigen Institutionen, hatte er unterschätzt. Jetzt war er unvermittelt in Geldnot geraten. Ich hielt es natürlich für eine wesentlich bessere Idee, wenn nicht ich, sondern Roland B. selbst das Ritual ausführte und empfahl ihm ein leicht nachvollziehbares Jupiterritual. Kurz darauf kam ein Kollege auf ihn zu, um mit ihm eine neue Firma zu gründen. Die beiden vertreiben jetzt ein neuartiges amerikanisches Medikament, das bei Magengeschwüren eine Operation überflüssig macht. Die Geldprobleme des Arztes haben sich erledigt. Es geht ihm finanziell so gut wie nie zuvor.

Uschi S., eine Künstleragentin aus dem bayerischen Oberland, Anfang 40, lag im heftigen Streit mit einem Ex-kompagnon, mit dem sie zusammen ein Projekt aufziehen wollte. Sie verlor erst mal viel Geld, zahlte außerdem Unmengen von Anwalts- und Gerichtsgebühren, um die Sache zu einem befriedigenden Ende führen zu können. Eigentlich hätte sie sich diese ganzen Gebühren gar nicht leisten können, aber auf die ausstehenden Gelder konnte und wollte sie auch nicht verzichten. Nach dem Gebrauch der vorhin erwähnten Ölmischung Chango Macho im Rahmen eines Rituals, an einem Donnerstag, zunehmender Mond, löste sich nach langem Hin und Her die Sache in Wohlgefallen auf. Der Expartner machte nicht nur ein gutes Versöhnungsangebot, sondern lockte auch mit einem neuen lukrativen Geschäft.

Und auch die kleine Ines L. aus Frankfurt, gerade mal 21 Lenze jung, hatte Geldprobleme. Sie brauchte unbedingt 1500 Mark für den Führerschein. Eine grüne Kerze und Geld-Öl, dazu eine kleine Räucherung – ich wollte sie als Anfängerin nicht überfordern – haben sehr schnell die Tür geöffnet. Ihre Oma schenkte ihr unvermittelt das Geld, ohne dass sie von dem Führerscheinproblem wusste, ohne dass Ines Geburtstag gehabt hätte und ohne dass Weihnachten oder sonst ein Feiertag gewesen wäre. Einfach so.

Die Führerscheinprüfung hat Ines übrigens spielend bestanden. Doch nicht alle Menschen können so locker mit Prüfungssituationen umgehen wie sie. Sie haben Angst zu versagen, auch wenn sie sich bestens auf Prüfungen wie Führerschein, Examen, Vorstellungsgespräche, Aufnahmeprüfungen jeder Art vorbereitet haben. Auch hier kann die Magie der Öle und Kräuter hilfreich sein.

Prüfungen des Lebens

Die Prüfungen des Lebens sind zahlreich und mannigfaltig. Jede Freundschaft und jede Beziehung ist eine Prüfung, jede Aktion und jeder Plan. Eigentlich ist jeder einzelne Tag unseres Lebens eine Prüfung. Doch ich möchte dieses Kapitel nicht literarisch behandeln, sondern handfest und faktisch. Es geht hier um Schul- und Uniprüfungen, um den Führerschein und vergleichbare Tests. Also um Prüfungen des Alltags eigentlich, die aber in der konkret erlebten Situation tatsächlich zu Prüfungen des Lebens werden.

Das zentrale Thema bei diesen Prüfungen ist durch die Bank die Angst. Man hat alles gelernt, man ist bestens vorbereitet, doch kann man vor lauter Angst nur einen Teil seines Wissens und Könnens vermitteln. Manchen Menschen bricht in Prüfungssituationen regelrecht der Angstschweiß aus, sie zeigen körperliche Symptome wie in einer lebensbedrohenden Lage. Dabei geht es doch »nur« um den Führerschein, die Schulaufgabe, das Examen, den Job. Da das

Bestehen dieser Tests aber gesellschaftlich und kulturell zur Voraussetzung für Anerkennung und Erfolg gemacht worden sind, werden sie tatsächlich als lebenswichtig akzeptiert und eingeschätzt. Und oft genug sind sie es ja auch.

Wenn ich Ihnen nun ein paar Öle, Pflanzen und Rituale vorstelle, die im Zusammenhang mit Prüfungen hilfreich sein können, so kann Sie das nicht von der Pflicht entbinden, sich ordentlich und gewissenhaft auf die jeweilige Prüfung vorzubereiten. Ein Schüler, der vor der Klassenarbeit nichts lernt und stattdessen lieber ein paar Rituale macht und sich zusätzlich vielleicht auch noch mit Öl parfümiert, muss schon ein unverschämtes und unverdientes Glück haben, wenn er bestehen will. Das Gleiche gilt für alle anderen Prüfungen. Eigentlich logisch.

Dennoch, und auch das muss der Vollständigkeit halber angemerkt werden, können unsichere Kandidaten, die vielleicht gerade nur das Nötigste an Vorbereitung geleistet haben, mit einem magischen Hilfsmittel das Ruder zu ihren Gunsten rumreißen, wenn auch nur knapp. Doch man sollte sich nicht darauf verlassen. Außerdem gilt: Die nächste Prüfung kommt bestimmt. Wer sich durchs Leben mogelt und mauschelt, bekommt irgendwann seine Quittung. Das ist so sicher wie die Hexe in der Walpurgisnacht.

Fangen wir gleich mit dem vorhin erwähnten **Führerschein** an. Ich empfehle in solchen Fällen meist eine Mischung aus den fertigen Indianer-Ölmischungen **Success**- und **Buddha-Öl**. Diese beiden Öle massiert man in die Schläfen und in das so genannte dritte Auge (über der Nasenwurzel) ein; sie haben eine beruhigende Wirkung – nicht körperlich beruhigend wie Baldrian, sondern mental beruhigend wie ein gutes Gewissen. Man kann die Wir-

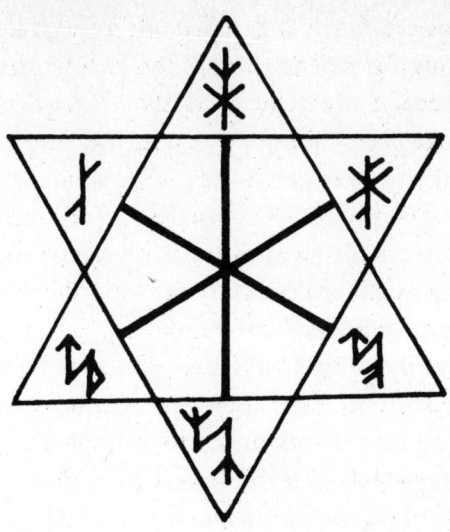

kung dieser Ölkombination auch noch mit einer Siegrune vergrößern. Diese Rune (siehe Abbildung) wird auf ein etwa fünfmarkstückgroßes Stück Pergament gemalt, dann mit der Ölmischung beträufelt, schon eine Woche vor der Führerscheinprüfung um den Hals getragen oder vielleicht sogar mit einem Heftpflaster in der Herzgegend befestigt. Außerdem muss ihr Träger jeden Tag dreimal in höchster Konzentration das Wort »Sssssieg« aussprechen, bezischt wie eine Schlange, und dies direkt vor der Prüfung noch mal tun.

Diese alten Selbstbeschwörungsformeln finden sich im heutigen Coaching wieder. Der Trainer sagt zu seinem Supersportler »Du schaffst es, du bist der Größte«, oder der Sportler sagt sich das selbst immer wieder vor. Alle erfolgreichen Sportler, Künstler, Geschäftsleute oder Politiker sagen sich in schwierigen Situationen solche Formeln vor, laut oder leise. Daran hat sich von der Urzeit bis heute nicht viel geändert. Was für die Wirksamkeit dieses Verfahrens spricht.

Auch bei meinem Sohn hat es gewirkt. Nach zwei verbockten Führerscheinprüfungen, einmal in der Theorie, das andere Mal in der Praxis, habe ich ihn gecoacht. Das Verfahren mit der Siegesrune und den Ölen reduzierte seine Prüfungsangst auf ein Minimum, sodass er sogar unter dem großen Druck, es diesmal unbedingt schaffen zu müssen, den Schein bekommen hat.

Für eine **Schulaufgabe** oder ein **Examen,** welcher Art auch immer, empfehle ich meistens dieselben Öle wie beim Führerscheintest. Es geht ja um das gleiche Problem. Die Angst muss überwunden werden, denn Angst blockiert. Ein Satz, der übrigens für unser ganzes Leben gilt. Begleitende Rituale sind in jedem Fall hilfreich. Denn wer sich darauf konzentriert, dieses oder jenes Ritual nach Vorschrift auszuführen, ist zumindest für die Dauer des Rituals seine Angst los, weil Hände, Herz und Seele mit etwas ganz anderem beschäftigt sind.

Sinnvoll und wirksam ist daher auch ein Ritual im Zusammenhang mit der Buche, dem historischen Wunschbaum. Wer eine Muskatnuss mit Buddha-Öl beträufelt, in ein Buchenblatt einwickelt, sorgfältig verschnürt und vergräbt, kann der Erfüllung seines Wunsches auf die Sprünge helfen. Noch besser ist es, einen größeren Buchenzweig zu nehmen, den Wunsch einzuritzen, den Zweig mit Öl zu beträufeln und dann ebenfalls zu vergraben. Zusätzliches Loslassen und zusätzliche Konzentration entstehen beim Abbrennen einer mit Buddha-Öl beträufelten Sieben-Knoten-Kerze. Jeden Tag wird ein Knoten verbrannt, wobei man sich immer auf das Ziel konzentriert. »Ich bestehe das Examen, ich bestehe das Examen«, richtig im Sinn eines Mantras. So programmieren Sie Ihre Psyche auf den gewünschten Erfolg. Noch was Praktisches: Die Kerze nie ausblasen, sondern stets anders löschen, zum Beispiel mit den Fingern oder einem Glas.

Hilfreich bei **Prüfungen jeder Art** sind **Selleriesamen gemischt mit Weihrauch.** Das Gemisch wird zur Räucherung verwendet, der Rauch vorsichtig und wohl dosiert eingeatmet. Das fördert die allgemeine Konzentration. Wer sich als Kind an Weihrauch-Räucherungen in der Kirche erinnert, bei denen es einem richtig schlecht wurde, muss wissen, dass in Kirchen oft kein echter Weihrauch verwendet wird. Achten Sie also beim Kauf des Weihrauchs auf diesen Aspekt.

Recht haben und Recht bekommen sind zweierlei Stiefel. Drum macht es durchaus Sinn, sich auf **Gerichtstermine** vorzubereiten. Mit **Dillsamen, Senfkörnern und Drachenbluttinte** (Drachenblut ist eine Pflanze aus Arizona, nur damit Sie Bescheid wissen!) sind Sie bestens ausgerüstet. Sie schreiben nun die Namen des Klägers, des Staatsanwaltes und des Richters auf echtes Pergament, legen dieses Pergament in ein rotes Tuch, dazu geräucherte Dillsamen und Senfkörner, je zur Hälfte, verpacken das Ganze fest mit einem Bindfaden und legen das Päckchen bereits neun Tage vor dem entscheidenden Termin unter Ihr Bett oder direkt unter Ihr Kopfkissen. Es hilft, ebenso wie die meisten unserer Hexenrezepte. Fragen Sie mich nicht, warum.

Die **Wurzel der Pfingstrose** ist ein genereller Glücksbringer, ebenso die **Lucky Hand Root,** eine kleine Wurzel aus der Navajokultur. Sie sieht wirklich wie eine kleine Hand aus, ist schwer zu finden und noch schwerer zu importieren, daher verhältnismäßig teuer. Sie bekommen Sie wie alle anderen hier erwähnten Produkte in Esoterik- und Hexenläden. Kein Glücksbeutel, ob Talisman oder Amulett, ist vollständig ohne Lucky Hand Root. Beide Wurzeln reiben Sie mit **Lucky Öl** ein, einer fertigen Mischung, die Sie auch auf Ihre Handgelenke geben können. Zelebrieren Sie das Einreiben der Wurzeln und der Handgelenke mit einer kleinen Weihrauch-Räucherung, beginnen Sie mit den Einreibungsritualen neun Tage vor dem entscheidenden Termin. Täglich wiederholen und sich dabei auf das Ziel konzentrieren.

Bei **Gericht,** einem **Bewerbungsgespräch,** einem **Test** oder einer **Prüfung jedweder Art** hilft Ihnen eine **Galangel-Wurzel,** die Sie mit Lucky- oder Buddha-Öl eingerieben haben und ständig bei sich tragen. Am besten auch am Körper während der kniffligen Situation, um den Hals oder in der Hand. Lassen Sie niemand anders diese Wurzel, die übrigens aus China kommt, berühren. Und besprechen Sie sie mit Ihrem Ziel, am besten täglich und im Rahmen eines kleinen Rituals, das Sie durchaus selbst kreieren können.

Das gleiche Verfahren gilt für **Kürbiskerne,** die ebenfalls in jeden Glücksbeutel gehören. Kürbiskerne finden ihre Verwendung hauptsächlich im haitianischen Voodoo, haben also durchaus auch etwas mit Macht zu tun. Konzentrieren Sie sich darauf, diese Macht ausschließlich positiv einzusetzen. Also nur für sich (»Ich will heute angstfrei und stark in die Prüfung gehen«) und nie negativ in Bezug auf Ihr Gegenüber (»Der Prüfer soll heute schwach sein«). Denn Letzteres gehört, wenn auch im kleinen Rahmen, schon in den Bereich der schwarzen Magie, die ich ablehne, weil sie zum Bumerang werden kann. (Vgl. auch mein Buch *Weiße Magie, Schwarze Magie, Satanismus*, Goldmann Verlag.)

Ebenfalls in Vorbereitung für einen **Gerichtstermin** sehr erfolgversprechend ist **Black Candle Tobacco**, also eine spezielle Art von Tabak, der zusammen mit einer schwarzen Kerze verbrannt wird. Die Kerze wird vorher mit Salz eingerieben, außerdem mit Buddha-Öl und ihrem Lieblingsparfüm. Stellen Sie diese Kerze auf ein rundes Stück Pergament, auf das Sie Ihr Ziel geschrieben haben, zum Beispiel »Sie in der Gerichtsverhandlung am Soundsovielten«. Wenn alles verbrannt ist, streuen Sie die Reste im Freien und am besten in der Nähe eines Flusses oder Sees in alle vier Himmelsrichtungen. Wiederholen Sie dabei Ihren Wunsch laut und deutlich dreimal hintereinander. Das Ganze bitte nur bei zunehmendem, niemals bei abnehmendem Mond!

Jede Menge Ärger mit den Gerichten hatte einst meine Klientin Cornelia B. (58) aus Salzburg. Man wollte ihr das Erziehungsrecht über ihre Tochter wegnehmen, außerdem war sie auf Grund eines blöden Missverständnisses wegen Diebstahls angeklagt. Vor jedem neuen Gerichtstermin kam sie zu mir nach München. Wir arbeiteten mit einer Gerechtigkeitskerze, in der Lapislazuli-Steine und kleine Amulette eingelassen sind. Außerdem empfahl ich ihr dringend, das Verfahren mit den Buchenblättern zu praktizieren. Und obwohl die österreichischen Justizbehörden anscheinend sehr frauenfeindlich sind, so musste ich zumindest aus den Akten schließen, hat Cornelia schließlich alle Termine siegreich überstanden.

In diesem Zusammenhang ein ganz wichtiger Punkt: Alle Rituale, Pflanzen und Öle, die Sie vor bevorstehenden

Justizirrtümern schützen sollen, wirken nur dann, wenn Sie wirklich Recht haben. Bei einem Schwindler prallen sie wirkungslos ab, sie werden sich eines Tages sogar rächen. Also Vorsicht!

Als Bernhard D. aus Nürnberg und Andrea M. aus München, beide 19, wieder mal eine Prüfung im Lauf ihrer Karriere bei der Stadtsparkasse vor sich hatten, waren sie äußerst unsicher. Denn Mathe und BWL, das war bei beiden der große Schwachpunkt. Mit einer Siegrune, Success- und Job-Öl und einer Galangel-Wurzel (in der linken Hand versteckt während der Prüfung) ging's dann doch.

Was im Moment sehr aktuell ist und vielen Menschen Probleme bereitet, ist die Suche nach einem neuen Arbeitsplatz. Die Prüfungssituation heißt also Bewerbungsgespräch. Eine entscheidende viertel, halbe oder ganze Stunde, die über die ganze berufliche Zukunft entscheiden kann. Mathilde E. (45) aus Hamburg hatte Angst, in ihrem Alter nicht mehr für einen neuen Job als Designerin in Frage zu kommen. Doch sie wollte und musste aus familiären Gründen unbedingt nach München umziehen. Die Vorgespräche mit dem potenziellen neuen Arbeitgeber liefen sehr zäh. Irgendwie sah alles nicht sehr gut aus. Für das entscheidende Gespräch aber bereitete ich sie vor. Mit einer programmierten und mit Come-to-me-Öl eingeriebenen Orris-Wurzel, die nicht nur in Liebes-, sondern auch in Jobangelegenheiten hilft. Dazu gab's noch Success-Öl, sowohl auf die Handgelenke als auch auf die Orris-Wurzel. Ich empfahl ihr, diese Wurzel bei dem Termin in der linken Hand versteckt fest zu halten. Auf einmal klappte es mit der neuen Arbeitsstelle, als wäre ein Knoten geplatzt.

Liebesangelegenheiten, Geldprobleme, Prüfungen des Lebens: Was immer wieder zum allgemein gültigen und entscheidenden Punkt in all diesen Problemfeldern werden kann, ist das Selbstbewusstsein. Ich spreche hier nicht von einem hochstaplerischen und selbstüberschätzenden Angebertum, sondern von einer natürlichen, selbstbewussten Ausstrahlung und einem natürlichen, selbstsicheren Auftreten. Wie man diesem generell mit den Mitteln der Magie auf die Sprünge helfen kann, darüber gleich mehr.

Das Selbstbewusstsein stärken

»Keiner liebt mich«, »Das kann ich nicht«, »Bei mir läuft doch sowieso alles schief«, »Diese Prüfung schaff ich ohnehin nicht, am besten ich lasse es gleich bleiben« und so weiter. Wer kennt diese Gedanken und Sprüche nicht? Bestimmt gibt und gab es auch Situationen, in denen Sie selbst Derartiges gedacht und gesagt haben. Jeder von uns kennt diese negative Grundstimmung, die einem alles verderben kann. Die Lebensfreude und den Erfolg, ja, auch den Erfolg. Denn wer mit solchen Gedanken an eine Sache herangeht, hat schon von vornherein verloren. Mit einer derartigen Grundstimmung wird man auf den Misserfolg eingeschworen, geradezu programmiert: Die Prüfung geht hundertprozentig in die Hose, der heiß ersehnte Lover zeigt sich nie und nimmer, erwünschte und meist auch oft dringend nötige geschäftliche oder berufliche Gespräche werden zum Desaster.

Und warum? Weil der Misserfolg schon in den Gedanken und Aussagen vorgegeben ist, programmiert ist, ja geradezu herbeigesehnt wird. »Das hab ich dir doch gleich gesagt, dass das nichts wird!« Wie ein Triumph wird dann der bestätigte Misserfolg vor sich hergetragen, fast wie ein Sieg. Denn die Vorhersage ist eingetroffen. Darüber kann man sich freuen. Auch dann, wenn es eine negative Aussage war, eine negative »Hellseherei«. Schließlich hat man ja Recht bekommen und behalten.

Nun sind nicht alle Menschen, die an das Schlechte im Kosmos und im Schicksal glauben, hingebungsvolle Masochisten. Die bisherige Lebenserfahrung hat sie zu dem gemacht, was sie heute sind: notorische Schwarzseher.

Diese Haltung kann schon in der Kindheit antrainiert werden: »Ist doch klar, dass du in der Klassenarbeit versagst«, »Kein Wunder, wenn du schlechtere Noten heimbringst als dein Freund« und so weiter. Irgendwann macht sich die negative Voraussage selbstständig, wird zum Programm, zum Antierfolgsprogramm.

Wer unter ständigen Misserfolgen leidet, ob in zwischenmenschlicher, geschäftlicher oder anderer Hinsicht, kommt nicht drum herum, sich den Grund des Misserfolges mal ganz genau anzuschauen. Das kann durchaus wehtun. Aber es gibt keinen anderen Weg. Manchmal sind die vermeintlichen Gründe für den Misserfolg geradezu lächerlich, wenn man sie von außen und ganz objektiv betrachtet.

»Meine Nase ist zu groß«, »Ich habe Übergewicht«, »Ich habe Untergewicht«, »Keiner liebt mich, weil ich rote Haare habe«, »Ich bin geschäftlich sowieso zu nichts fähig« und so fort. Wenn jemand mit solchen Aussagen zu mir kommt, dann fängt meine »Behandlung« erst mal mit dem normalen und gesunden Menschenverstand an. Die Kraft der Magie brauche ich in diesem Stadium noch nicht zu bemühen.

Es geht also zunächst einmal um Gespräche. Ich höre mir ganz geduldig die Geschichte des Betroffenen an. Oft hilft es ja schon, wenn man einen Partner zum Zuhören hat, weil man dadurch einen Abstand zwischen sich und das Problem bringen kann: den Abstand des gesprochenen Wortes.

Wichtig ist dabei, dass ich das Problem absolut ernst nehme. Lapidare Sprüche wie »Ach Quatsch, Sie sind doch gar nicht zu dick/zu dünn« oder »Unsinn, Sie können doch durchaus einen Business-Eindruck machen!« helfen da wenig. Jede Realität bestimmt sich subjektiv. Was für den einen zu dick ist, ist für den anderen zu dünn. Für den Afrikaner ist es in Deutschland zu kalt, für den Eskimo zu warm. Wahrheit ist also relativ. Das muss ich in solchen Gesprächen als Grundvoraussetzung akzeptieren. Alles andere würde in eine Sackgasse führen.

Nun kommt es darauf an, das Problem des Betroffenen in Relation zu allgemein gültigen Maßstäben zu stellen. »Sie glauben also, dass Ihre Nase im Durchschnitt nicht länger ist als die der anderen? Dass es viele Menschen gibt, die eine wesentlich längere Nase haben als Sie?«

Oft aber empfiehlt es sich, das als Extrem-Negativbeispiel empfundene Minus in ein Plus umzuwandeln. »Gut, Sie sind also in geschäftlichen Dingen zu vertrauensselig. Ist es nicht schön, wenn man solche Werte wie Vertrauen noch haben und leben kann? Lassen Sie sich bitte nicht von all den Gangstern anstecken. Eines Tages finden Sie Partner, die genau Ihre Grundeinstellung suchen!« Oder: »Sie fühlen sich zu dick? Es gibt Tausende von Frauen/Männern, die eher auf einen molligen Typ stehen.«

Ich muss dann im Einzelfall abwägen, bevor ich einen

Rat geben kann. Wie auch immer, das Wichtigste in allen Fällen ist das Loslassen vom Problem. Ohne Loslassen keine klare Sicht, ohne Entspannung keine neue Kraft.

Dazu empfehle ich meist ganz einfaches **Erdbeer-Öl**, das ist zur Zeit modern und vom Geruch her sehr »in«. Erdbeer-Öl wirkt im Bad nicht nur sehr beruhigend, sondern verschafft seinem Anwender auch eine gewisse Anziehungskraft.

»Strawberry« gibt es auch als beliebte Räuchermischung. Die »Mode« nehme ich gelassen hin, weil sie mir in diesem Fall nützlich ist. Überhaupt ist es immer leichter, mit aktuell angesagten Pflanzen und Ölen zu arbeiten, denn es gibt dabei keine Hemmschwelle zwischen Pflanze und Benutzer. Im Gegenteil, man fühlt sich als Benutzer voll im Trend und erlebt außerdem als Gegenreaktion ein breiteres Echo als bei der Anwendung von unbekannten oder im Lauf der Jahrhunderte vernachlässigten Pflanzen und Ölen.

Wer über seine Probleme mit dem Selbstbewusstsein nachdenken will, braucht erst mal ein angenehmeres Setting: ein schönes und wohlriechendes Bad, eine aufgeräumte und mit Kerzen dekorierte Wohnung, angenehme und beruhigende Musik. In der Ruhe liegt die Kraft.

Eine **Yerba-Santa-Räucherung** (gibt es fertig zu kaufen, kommt aus Neu-Mexiko), in Kombination mit **Vanille-und-Patschuli-Bädern**, hat einem Klienten von mir sehr geholfen. Christian L. aus München (32) war aus Niederbayern in die Großstadt München gekommen und hatte große Probleme mit dem Verdacht, dass er wohl homosexuell sein könnte. Er wollte diesen Verdacht zuerst nicht akzeptieren, hat dann schließlich kapituliert. Er stand und steht nun mal auf Männer, daran gibt es nichts zu rütteln. Zwei Monate mit der oben beschriebenen Behandlung hat es gedauert, bis er sich endlich als Schwulen akzeptieren konnte. Dann ist er sofort in eine einschlägige Disco gegangen, hat dort auf seine eigene Initiative hin endlich einen Freund kennen gelernt, mit dem er heute noch eine glückliche Beziehung führt. Die Räucherungen und Öle haben ihm dabei geholfen.

Für Adelheid K. (25) aus Köln stellte sich ebenfalls ein Selbstbewusstseins-Problem. Sie wollte Beamtin in der Kreisverwaltung München werden, hatte aber eine schier panische Angst vor dem entscheidenden Einstellungsgespräch. Ihre Haut reagierte allergisch auf den Gedanken an dieses Gespräch, sie bekam Pickel noch und noch, und zwar ausgerechnet im Gesicht. Außerdem war sie regelrecht zittrig, wenn sie an dieses bevorstehende Einstellungsgespräch dachte oder davon sprach. Ihr Selbstbewusstsein war im Keller. Mit einem Saft aus **Karotten und Thymian** und dem dringenden Tipp, alles Süße erst mal zu lassen, behandelte ich vordergründig ihre Pickel – mit Erfolg. Eine Mischung aus **Patschuli-, Jezabel- und Vanilleöl** baute ihr Selbstbewusstsein auf. Heute ist Adelheid Beamtin in der Kreisverwaltung, genauso, wie sie es wollte. Die Behandlung dauerte zwei Monate.

Patschuli und Salbei, als Ölung, als Räucherung und als trinkbarer Sud, das war die Rettung für Claudius B. (30) aus München. Er hatte schon regelrechte Zwangsneurosen entwickelt, musste jedes Schloss hundertmal abschließen und überprüfen, jede noch so banal erscheinende Situation im Vorfeld absichern. Er hatte einen Sicherheitstick, war voller Angst. Mit den Bädern und Räucherungen, die ich ihm verschrieb, hat er es schließlich geschafft, in ein normales Leben zurückzufinden.

Ob das nun magisch ist oder nicht, das soll an dieser Stelle keine Rolle spielen. Wer heilt, hat Recht. Was natürlich besonders im Hinblick auf Krankheiten gilt. Mehr darüber im nächsten Abschnitt.

Unwohlsein und Krankheit

Es ist nun mal leider so, dass der menschliche Körper anfällig ist für Attacken von außen. Viren, Bakterien, aber auch allgemeine Umwelteinflüsse greifen unser Immunsystem an und machen uns das Leben schwer.

Natürlich haben die Folgen dieser Angriffe in Form von Unwohlsein oder gar Schmerz einen ganz praktischen Sinn. Wir sollen darauf aufmerksam gemacht werden, dass irgendetwas nicht stimmt.

Wer nun einfach die Symptome niederknüppelt, also blind gegen Unwohlsein und Schmerz vorgeht, verpasst die Chance, der Sache auf den Grund zu gehen und sich nachhaltig von der Krankheit zu befreien, nicht nur von dem Warnsignal.

Meiner Meinung nach ist es also absoluter Unsinn, in die Apotheke oder zum Arzt zu gehen und »irgendwas gegen dies oder das« zu verlangen. Die chemischen Präparate bestehen oft aus einer Kombination zahlloser Wirkstoffe, die in ihren Begleiterscheinungen und Nebenwirkungen unberechenbar sind. Freudig registrieren wir Hexen, dass sich das Wissen in Sachen Naturheilkunde inzwischen in breiten Gesellschaftsschichten durchgesetzt hat und auch von namhaften Schulmedizinern akzeptiert wird. Freilich redet dabei keiner von alter Hexenkunst. Dabei kämen sich die etablierten Herren und Frauen Doktoren dann doch etwas komisch vor.

Doch es ist so und es bleibt so, dass es nachweislich die weisen Frauen waren, die sich als Erste in Sachen Heilkunst profiliert haben.

Dass ihr Wissen und ihr Können in vielen Fällen leider nicht schriftlich überliefert ist, liegt daran, dass die Herren und Gebieter ihre Frauen gerne ungebildet hielten und diese daher weder schreiben noch lesen konnten. Wie dumm von den »Herren der Schöpfung«! Denn sie hätten zu allen Zeiten als Erste vom Wissen und Können ihrer Frauen profitieren können.

Trotzdem wissen wir inzwischen einiges; und diese Erkenntnisse gelten ja heute schon als Standardwissen: **Kamille** hilft bei Erkältung und desinfiziert offene Wunden, **Salbei** rückt dem Husten zu Leibe und verschafft seinem Benutzer ein allgemeines Wohlgefühl, **Yerba Santa** reinigt den Magen und Wunden, **Anis** hilft bei Magenproblemen, nicht nur in Form von Schnaps, **Spargel** spült die Nieren und die Blase anständig durch und hilft bei Potenzproblemen, **Sesam- und Mandelöl** sind hilfreich als Massageöle bei Verkrampfungen. Es gibt noch einige Grundweisheiten mehr, die inzwischen weitläufig bekannt sind: **Lindenblüten** und **Holunder** senken das Fieber, **Kamille** und **Pfefferminze** lindern Halsschmerzen, und wer Kopfschmerzen hat, reibt sich mit hoch konzentriertem **Pfefferminzöl** die Stirn und Schläfen ein.

Da ich viele junge Leute in meinen Beratungsstunden habe, die hin und wieder auch Akneprobleme mitbringen, empfehle ich in solchen Fällen ganz begeistert eine Mischung aus **Karottensaft** und **Thymian,** ohne Salz dreimal täglich eingenommen. Schmeckt widerlich, hilft aber garantiert, so zumindest meine Erfahrung.

Die Palette der Heilkräuter und –pflanzen lässt sich fast bis ins Unendliche erweitern: **Sanddorn,** als Saft oder auch zu Marmelade verarbeitet, hilft gegen Erkältungen, ebenso **Sauerampfer,** eine der wohl größten Vitamin-C-Bomben. Sauerampfer hilft außerdem bei Galle- und Leber-Beschwerden, genau wie **Knoblauch.** Und **Safran,** freilich nur der echte, lässt Unterleibsbeschwerden verschwinden. Wie gesagt, diese Liste ist ewig erweiterbar.

Wer tiefer in die Materie der Naturheilkunde einsteigen will, kann sich in fast jeder Apotheke Broschüren und Faltblätter besorgen. Doch Vorsicht: Die meisten dieser Broschüren sind mehr oder minder versteckte Werbung für ein bestimmtes Produkt oder eine ganze Produktpalette. Das muss man wissen und berücksichtigen.

Im Allgemeinen halte ich es für besser, sich die Rohstoffe wie Kamille und andere in möglichst unbehandeltem Zustand zu besorgen, am besten in einem Bioladen. Wer sich intensiv mit seiner Krankheit oder deren Symptomen auseinander setzt, wer diese Auseinandersetzung auch noch mit gewissen Vorbereitungsaktionen wie Teekochen und anderem begleitet, geht automatisch bewusster mit dem Problem um und hat damit größere Heilungschancen.

Literatur zum Thema gibt es auch zuhauf. Ich empfehle *Magister Botanicus* (Verlag Die Sanduhr), ein Standardwerk, das auch die magischen Beziehungen der Öle und Kräuter im Zusammenhang mit Runen erklärt. Ebenfalls sehr interessant: »Das große Lexikon der Kräuter und Heilsteine« (Methusalem-Verlag), Wilfried Weusenfelds »Zauberkräuter von A bis Z« (Peter Erd-Verlag) und natürlich Hildegard von Bingens Gesundheitsratgeber (erschienen in verschiedenen Verlagen). Hildegard von Bingen erlebt ja gerade ein beispielloses Comeback. Ihr angesammeltes Wissen hat sich nämlich über die Jahrhunderte hinweg als immer aktuell erwiesen.

Was in diesem Zusammenhang ganz interessant ist: Frau von Bingen war absolute Antirohköstlerin. Sie ging davon aus, dass die in Obst und Gemüse reichlich vertretenen Säuren den Magen angreifen und die Verdauung stören. Heute mag das sicher auch noch in etlichen Fällen gelten, dennoch ist man so weit, die durchaus auch verdauungsfördernden Reaktionen auf rohes Obst und Gemüse zu registrieren, von ihrem Vitamin- und Ballaststoffgehalt ganz zu schweigen. Ist Hildegard von Bingen damit in ihrem Gesamtwerk widerlegt? Bestimmt nicht. Für viel wahrscheinlicher halte ich die These, dass zu ihrer Zeit Rohkost wesentlich säurehaltiger war, als sie es heute ist.

Aber wie auch immer – was hat das Ganze mit Magie zu tun? In alten Zeiten war das Wissen um die Heilkraft von Ölen und Kräutern noch unerforscht. Der Patient verwendete diese Mittel und wunderte sich über die Heilung. Wir können sie im Rückblick also durchaus magisch nennen. Die Erforschung der Wirkungsweisen gewisser Pflanzen hat nun an Stelle des diffusen Glaubens und durch Erfahrungswerte belegten Wissens knallharte Fakten gesetzt. Einerseits begrüßenswert, andererseits aber durchaus auch »entzaubernd«, was ich in diesem Fall aber als positiv ansehe. Schließlich ist ja die Entzauberung der Magie nichts weiter als ihre Bestätigung.

Noch nicht schulmedizinisch bestätigt sind allerdings die über die Kräuterkunde hinaus gültigen Tipps, die ich all meinen Klienten gebe, die mit Beschwerden zu mir kommen. So empfehle ich Kranken grundsätzlich den Umgang mit der Farbe Gelb. Gelb, das weiß ich aus Überlieferungen, steht für die Naturkraft der Erde. Ich aktiviere diese Naturkraft, wenn ich gelbe Kerzen anzünde, gelbe Kleidungsstücke trage oder gelbe Bettwäsche benutze. Wer's nicht glaubt, soll's einfach mal ausprobieren.

Interessant ist auch die Verbindung von Kräutern, Tees, Salben und Ölen mit Heilsteinen. **Bergkristalle** und **Amethyste** geben durch Ausstrahlung und Berührung Energie ab, die dem Heilungsprozess zugute kommt. Man muss ein bisschen experimentieren im Umgang mit Heilsteinen, muss herausfinden, welcher Stein in welche Situation und zu welcher Person passt. Für mich persönlich und mein chronisches Asthmaproblem fühlte sich der (gelbe!) **Bernstein** am besten an. Und ich fahre gut damit.

Auch kleine Gesundheitsrituale sind immer sehr erfolgversprechend. Sie sollen nicht zu schwer sein, schließlich hat der Kranke ja das Bedürfnis nach Entspannung und Ruhe. Aber eine kleine Räucherung mit den richtigen Kräutern, eine kleine Salbung oder ein Bad mit den passenden Ölen (also jeweils auf die dementsprechende Krankheit bezogen) fördert den Heilungsprozess. Schon allein deshalb, weil sie eine Auseinandersetzung mit der Situation erfordern, von den heilenden Düften und Wirkungen ganz zu schweigen.

Womit wir bei einem ganz wichtigen Punkt sind. Was bei allen Krankheiten über die Maßen von Bedeutung ist: die richtige Einstellung dazu. Wer Krankheit nur als lästige Bremse im Lebensfluss empfindet und nichts weiter im Sinn hat, als sie so schnell wie möglich wieder loszuwerden, macht was falsch. Beschwerden und Krankheiten sind wertvolle Hinweise auf die Psyche, auf unsere Seele. Jeder holt sich seine Krankheit selbst. Und der tiefere Sinn ist es durchaus wert, ergründet zu werden.

Wenn es um kleine Wehwehchen geht, um eine Erkältung oder eine geringfügige Sportverletzung, so darf ich wohl davon ausgehen, dass es hier in etlichen Fällen nur um die Pause an sich geht. Die Krankheit zwingt zum Innehalten, zum Sichpflegen, zum Nachdenken, zum Sich-was-Gutes-Tun. Auch nicht schlecht. Warum aber nehmen so viele Menschen dieses Angebot des Lebens nicht an? Warum wollen sie nichts anderes als so schnell wie möglich wieder weiterhasten? Aussagen wie »Ich kann's mir nicht leisten, eine Woche krank zu machen« oder »In der Arbeit geht es nicht ohne mich« sind Selbstbetrug. Es geht immer irgendwie weiter. Die Welt dreht sich, jede Sekunde. Halten Sie inne und schauen Sie zu. Es lohnt sich. Das Leben hat Ihnen nicht umsonst diese Chance geschenkt. Bestimmt können Sie etwas lernen.

Man kommt mit alten Kräuterrezepten sehr weit. Auch wenn etliche arrogante Schulmediziner diese Haltung belächeln, nur um kurz darauf in Windeseile den Rezeptblock zu zücken und genau das Präparat aufzuschreiben, das sie fast schon automatisch als Allzweckmittel in solchen oder ähnlichen Fällen erfolgreich anwenden konnten. Zack, Rezept geschrieben, zack, Rechnung gleich hinterher. Zeit ist Geld.

Die Auswahl des Arztes passiert oft spontan, denn oft genug brauchen wir momentan einen Arzt. Das sieht auch jede verantwortungsvolle Hexe und jeder bewusste Magier ein, obwohl die Arztwahl eigentlich ruhige Überlegung und Fingerspitzengefühl voraussetzt.

Meine Grundregel Nummer 1: Handwerker, Rechtsanwälte und Ärzte nur auf Empfehlung eines guten Freundes oder Bekannten konsultieren. Grundregel Nummer 2: Sich am besten für einen Arzt entscheiden, der neben seinem schulmedizinischen Studium auch eine Ausbildung als Naturheilkundler hat.

Was ganz wichtig bei jeder noch so sorgfältigen Arztwahl ist: Gehen Sie nicht als Volllaie in die Praxis und schon gar nicht als Volltrottel wieder hinaus. Lassen Sie sich nicht bedienen, sondern agieren Sie mit. Lesen Sie sich Wissen an, holen Sie sich Informationen bei ähnlich betroffenen Freunden. Fragen Sie nach; und fragen Sie auch gezielt nach alternativen Heilmethoden. Lassen Sie sich nichts vorzaubern. Ärzte sind auch nur Menschen. Drei Ärzte, fünf Meinungen; Sie allein entscheiden, wo's langgeht im Heilungsplan. Und keine Scheu vor dem weißen Kittel! Die Zeiten der »Halbgötter in Weiß« sind endgültig vorbei. Sie sind der Chef, sonst niemand. Ganz einfach, weil Sie zahlen. Sie oder Ihre Krankenkasse.

Ich habe etliche Ärzte, mit denen ich wunderbar zusammenarbeite, auch wenn nicht alle bereit wären, das öffentlich zuzugeben. Wahrscheinlich aus der Angst heraus, als unseriös eingestuft zu werden.

Aber ich weiß, wo meine Kraft liegt. Und weiß ebenso, wo sie aufhört. Durch Visualisieren kann ich den Krankheitsherd eingrenzen und so dem Patienten schmerzhafte und teure Untersuchungen ersparen. Das wissen etliche Mediziner und fragen mich auch immer wieder ganz gezielt um Rat.

Magie und Schulmedizin Hand in Hand: Ist das nicht ein Frevel? Nein, ich bin keine Sektiererin. Mein Interesse darf nur dem Wohl des Patienten gelten, sonst niemandem. Alte Grabenkämpfe haben da keinen Platz.

Im Fall der 38-jährigen Lehrerin Beate Z. konnte ich ganz gezielt eingreifen. Sie kam immer wegen Beziehungsproblemen zu mir, und ich hatte schon länger den Verdacht, dass mit ihr körperlich irgendetwas nicht stimmte. So was kann ich aus der Aura erfühlen. Dann kam noch der Hilferuf ihrer Tochter: Die Mama hat plötzlich überall Wasser im Körper, bis hoch zur Lunge. Alarmstufe eins. Mit Hilfe der Silva-Mind-Methode betrachtete ich ihren Körper von innen, entdeckte ein Problem im rechten Eierstock. Natürlich schickte ich sie sofort zum Arzt. Der Befund: Krebs, und zwar im rechten Eierstock. Der Arzt hatte gezielt hier, und nur hier, seine Untersuchungen angestellt. Beate konnte gerade noch rechtzeitig erfolgreich behandelt werden.

Die Zusammenarbeit zwischen Arzt und Hexe hat in diesem Fall, und das ist keine Übertreibung, ein Leben gerettet.

Helga Kern (63) kam auch immer wieder zu mir in die Praxis. Eine herzensgute Frau, die stets in der Absicht anrückte, Hilfe für Freunde und Bekannte zu aktivieren. Um sie selbst ging es bei ihren Besuchen nie. Umso schlimmer für sie, dass sich niemand dieser Freunde und Bekannten um sie gekümmert hat, als sie plötzlich mit der Diagnose Krebs dastand. Alles kam sehr plötzlich, und sie war hilflos und niedergeschlagen zugleich. Jetzt hatte sie nur noch ihren Arzt und mich als Ansprechpartner. Der Arzt erwies sich als sehr kooperativ; und ich ging Schritt für Schritt vor, visualisierte eine Metastase nach der anderen. Immer die, die mir gerade am gefährlichsten erschien. Dazu empfahl ich unterstützend Entspannungsöle und Heilkräuter, um die Panik aus ihrem Bewusstsein zu vertreiben. Denn mit einem panisch ängstlichen Patienten ist die Arbeit ungemein schwer. Helga geht es inzwischen ganz gut, wenngleich wir sie noch nicht als geheilt betrachten können. Aber etliche ihrer Metastasen haben sich inzwischen zurückgebildet oder sind ganz verschwunden. Die Behandlung dauert an.

Der geistige und der körperliche Zustand hängen immer zusammen, oft in vielfacher Hinsicht. Und man kann vom geistigen Zustand auf den körperlichen zurückschließen und umgekehrt. Deswegen ist es immer erfolgreich, bei Krankheiten jeder Art, auch bei lebensbedrohenden, auf beiden Ebenen zu arbeiten.

Die meisten Menschen neigen aber im Allgemeinen zur Selbsttherapie, und das nicht nur aus Kostengründen. Sie machen dabei oft entscheidende Fehler, lassen sich von Fernsehreklame und schlauen Ratschlägen von Bekannten und Freunden leiten. »Ja, das habe ich auch schon mal gehabt. Da hilft nur das und jenes.«

Es ist schon ein tragisches Phänomen, dass sich jeder in Sachen Gesundheit zum Experten berufen fühlt. Wenn der Fernsehapparat oder die Waschmaschine defekt ist, ruft man ja auch nicht die Schwiegermutter oder den Schulfreund mit der Bitte um Rat an. Aber wenn es um Gesundheit geht, da darf und muss anscheinend jeder Laie mitreden.

Es bleibt uns also nichts anderes übrig, ähnlich wie im Umgang mit Versicherungen oder Autowerkstätten, unsere eigenen Erfahrungen zu machen. Schlaue Empfehlungen von außen werden uns nur bedingt und minimal helfen, weil jeder Fall schließlich ein Einzelfall ist.

Mit der **Augendiagnose** können Sie das Problemfeld zumindest eingrenzen. Sie nehmen einen Spiegel, schauen sich selbst sehr bewusst ins Auge. Ein Vergrößerungsspiegel ist hilfreich dabei.

Wenn Sie unter Augenflimmern leiden, das Gefühl haben, dass irgendwelche Insekten hin und her fliegen, dass es manchmal sogar grell wird, dann sollten Sie sich mal auf Migräne untersuchen lassen. Solch eine Untersuchung kann nicht im Hexenladen passieren, Sie müssen schnellstens zum Arzt.

Gerötete Augen können auf alles Mögliche hindeuten. Auf die durchzechte Nacht von gestern, aber auch auf eine Bindehautentzündung auf Grund von Allergien. Sowohl Chlor als auch Zugluft oder sogar Bakterien können die Ursache dafür sein. Universal-Augentropfen gibt es in jeder Apotheke. Sollte sich keine Linderung einstellen, müssen Sie sofort zum Arzt gehen.

Sie entdecken in Ihrem Auge einen kleinen Pickel, ein Gerstenkorn? Und der Lidrand ist gerötet? Dann geht es um bakterielle Infektionen. Auch in diesem Fall ist der Augenarzt Ihr Ansprechpartner.

Aber wenn das Weiße im Auge gelb wird, dann ist die höchste Alarmstufe angesagt. Von Leberentzündung bis Gelbsucht ist alles möglich. Bei roten Blutflecken allerdings können Sie ruhig bleiben, zumindest dann, wenn sie nicht allzu oft auftreten. Geplatzte Äderchen gehören zur Tagesordnung.

Die Augenselbstdiagnose wird nie und nimmer eine Diagnose durch einen Arzt ersetzen, sie kann Sie aber schon mal im Vorfeld in die richtige Richtung lenken. Begabte Heilpraktiker können Ihnen dabei helfen. Begabte Hexen und

Magier auch. Dass Hexen und Magier allein durch die Ausstrahlung Ihrer Aura fühlen und regelrecht körperlich erspüren können, um was es bei Ihnen gehen mag, wissen Sie ja ohnehin.

Schwieriger wird es, wenn es um psychische Probleme geht, um so genannte »Krankheiten des Geistes«. Eine gute Menschenkenntnis, ein analytischer Verstand und ein fundiertes neurologisches Basiswissen sind schon bei der Diagnose unabdinglich. Aber auch hier kann die Magie helfen, wie wir im nächsten Abschnitt sehen werden.

Psychische Probleme

Die Zahl klingt überraschend hoch, ist aber statistisch belegt: Jeder zehnte Bundesbürger benötigt mindestens einmal im Lauf seines Lebens psychotherapeutische Hilfe. Was nicht unbedingt heißen muss, dass die psychischen Krankheiten zugenommen haben. Fakt ist nur, dass man sie inzwischen erkannt und benannt hat, während man früher von Phänomenen wie »Schwermut« oder »Vom Teufel besessen« geredet hat. Auch die Behandlungsmethoden sind inzwischen auf dem richtigen Weg. Während man ja über lange finstere Zeitepochen hinweg Menschen mit psychischen Problemen nichts weiter als weggesperrt, mit kaltem Wasser abgespritzt, mit Elektroschocks behandelt oder, auf den ersten und leichtsinnigen Blick hin humaner, einfach »ruhig gestellt« hat. Ruf und Image vom Irrenhaus, von der Klapsmühle, vom Spinner und Verrückten sitzen immer noch tief. Daher ist es kein Wunder, dass sich viele Menschen davor scheuen, psychotherapeutische oder auch nur nervenärztliche Hilfe anzunehmen. Sie müssten sich dann ja eingestehen, selbst »ein Fall für die Klapsmühle«, »ein Irrer«, »ein Verrückter« zu sein. Und das fällt bei der leidvollen Vergangenheit der Psychiatrie nicht gerade leicht. Auch heute gibt es immer noch und immer wieder entsetzliche Behandlungsfehler, die das Vertrauen in die Psychiatrie nicht unbedingt stärken.

Darum gibt es immer wieder Menschen, die in meinen Hexenladen kommen und behaupten, dass sie »verhext« oder »verzaubert« seien, dass sie diese oder jene Botschaft aus dem Jenseits oder eine ganz wichtige Mission auf Erden haben. Natürlich ist es dann meine Aufgabe, ihnen klar zu machen, dass sie schleunigst den Weg zum Arzt antreten müssen und dass sie bei mir einfach falsch sind.

Medizinisch gesehen werden diese Menschen oft von einer **Psychose** geplagt. Die Psyche reagiert über, zieht aus jeder zur Verfügung stehenden Schublade Halbinformationen und Halbwissen, auch aus der Kindheit, und vermischt das alles zu einem gefährlichen Mix. Oft spielen dabei magische und religiöse Aspekte eine Rolle. Die Zahl derer, die tagtäglich durch Deutschland rennen, um alle und jeden vor einem kurz bevorstehenden Weltuntergang zu warnen, kann nur geschätzt werden. Sie ist immens hoch.

Der Weltuntergang im Sinne der christlichen Apokalypse ist ein immer wiederkehrendes Thema bei Psychosen. Man kann daraus ersehen, wie wenig die Menschen mit den bildhaften Beschreibungen aus dem Johannesevangelium umgehen können, welche schrecklichen Ängste die katholische Kirche mit diesem Buch unter die Menschen gebracht hat. Ehrlich gesagt: Ich frage mich, welche Psychose der Autor dieses Textes hatte, als er ihn niederschrieb.

Drohende Psychosen können bis zu einer gewissen Eingangsphase auch mit meinen Mitteln behandelt werden. Da es um eine Überforderung des Geistes geht, muss diese Überlastung mit ganz einfachen Mitteln wie ordnenden Gesprächen und Entspannungstechniken aller Art weggenommen werden. Förderlich für die innere Ruhe sind Bäder und Öle aus **Melisse, Salbei, wildem Majoran, Hopfen und Baldrian.** Man kann sich auch Tees daraus machen, auch aus Kombinationen dieser Pflanzen, je nach Gusto und persönlicher Erfahrung damit. Wenn dann die akute Situation gelindert ist, versuche ich mit viel Überzeugungsarbeit, meinen Klienten zu einem Arztbesuch zu bewegen. Was oft sehr schwer ist; die Gründe habe ich schon erwähnt. Es ist aber wichtig zu wissen, dass eine Psychose, auch wenn sie im Anlauf schon abgefangen wurde, immer wiederkehren kann. Besuche beim Nervenarzt und später auch beim Psychotherapeuten sind also ein Muss.

Manchmal brauche ich gar nicht damit anzufangen, in meinem Laden nach Entspannungskräutern oder –ölen zu suchen. Die Situation ist so akut, dass es gar nicht anders geht, als sofort einen Notarzt zu rufen.

Die 20-jährige Elisabeth G. zum Beispiel forderte meine ganze Geduld und außerdem extrem schnelles Handeln. Sie redete lauter wirres Zeug, behauptete, dass sie verhext sei, dass sie Michael Jackson geheiratet hätte, wusste sogar das Datum der angeblichen Hochzeit und so weiter. Schließlich zog sie sich nackt aus, tanzte auf der Terrasse vor meinem Laden herum wie eine Wilde. Elisabeth ist mir schon lange vorher als psychisch stark gefährdet aufgefallen. Aber weder sie noch ihre jugoslawischen Eltern wollten etwas von einem nervenärztlichen Rat wissen.

Überhaupt ist das Vertrauen in Ärzte sehr gering, wenn es um solche brenzligen Situationen geht. Das erfahre ich immer wieder. Sogar eine Ärztin aus einem Nervenkrankenhaus bei München, selbst Spezialistin und offenbar durch den Umgang mit ihren Patienten psychisch stark überfordert, wollte von einem Besuch bei einem ihrer Kollegen nichts wissen. »Das kann ich mir nicht leisten, das schadet meinem Ruf. Wir müssen das hier im Hexenladen regeln. Sie müssen mich jetzt aushalten.«

Es gibt Magier und Hexen, die sich bei der Behandlung von psychischen Krankheiten sehr weit aus dem Fenster lehnen, die ihren Patienten die Möglichkeit einer Art Erleuchtung vorgaukeln und ihren psychischen Stress zu ihren Gunsten lenken. Bei all meiner Skepsis gegen Psychopharmaka – sie sind für viele Patienten ein Segen. Die überlieferten Mittel der Hexenkunst können bis jetzt im Fall psychischer Probleme oft nur begleitend helfen und stoßen sehr schnell an ihre Grenzen. Das muss ich als verantwortungsbewusste Hexe an dieser Stelle ausdrücklich betonen.

Was sie nicht daran hindern soll, bei allen Stresssituationen, auch bei psychischen, auf das altbewährte Mittel der **Räucherung** zurückzugreifen. Man hat schon immer geglaubt, dass man mit Räucherungen gute Geister, Götter oder Engel anziehen kann und auch umgekehrt böse Geister und Dämonen damit vertreiben kann, wenn man die Atmosphäre mit feinen Düften verschönert. Auch wer nicht an Götter, Geister, Engel und Dämonen glaubt, kann von Räucherungen gesundheitlich profitieren, auch in psychischer Hinsicht. Denn der Geruchssinn bestimmt gedankliche Veränderungen und emotionale Reaktionen. Das, was man riecht, beeinflusst stark, wie es einem geht. Wer ein leckeres Essen riecht, bekommt Appetit und Hunger, produziert sogar schon Magensäfte im Voraus. Wer Sommerblumen riecht, empfindet auch ein bisschen Sommer in seiner Seele, fühlt sich warm und angenehm. Das sind Binsenweisheiten aus der Hexenkunst, die inzwischen wissenschaftlich belegt sind. Das nur für Skeptiker.

Also können angenehme Gerüche durchaus auch den aktuellen Zustand der Psyche verändern. Bei psychischen Problemen empfehlen sich neben den bereits aufgezählten Substanzen zur Beruhigung auch **Sandelholz, Eukalyptus, Weihrauch, Myrre,** die Mischungen »**Dragon's Blood**« und »**Benzol**«.

Wie viel Sie von diesen Räucherungen verbrennen, hängt einzig und allein von Ihnen selbst ab. Es gibt kein Zuviel. Doch es müssen gute Räucherungen sein, die dann auch ihre Wirkung entwickeln können. Gute Räucherungen sind solche auf einer Holz-, Harz- oder Gummigrundlage. Billige, aus Asien und Japan importierte Räucherstäbchen und Räucherkegel haben oft nur eine getrocknete Düngergrundlage, die dann stark mit Moschusparfümen behandelt wurde, um Wohlgeruch und Wirkung vorzutäuschen. Nichts gegen Moschus. Er vertreibt üble Hausgerüche wie kalten Rauch und mehr. Das war's dann aber auch schon. Für spirituelle Anwendungen ist er nicht oder nur sehr begrenzt geeignet.

Die Räucherungen und die bis jetzt erwähnten Pflanzen und Öle eignen sich auch zur begleitenden Behandlung von anderen psychischen Krankheiten: *Ängste* (vor Spinnen, Liften, engen Räumen etc.), *Zwangsverhalten* (Waschzwang, Putzfimmel, Sicherheitsfimmel etc.) und auch der wohl am weitesten verbreiteten psychischen Krankheit unserer Zeit, der *Depression*.

Hierzu ein paar Erklärungen. Das Wort »Depression« wird sehr inflationär benutzt. Jeder, der mal schlechter Laune ist, bemüht es. »Ach, bin ich heute wieder mal depressiv.« Hier können alle erwähnten Begleitmaßnahmen zum Einsatz kommen.

Auch bei der so genannten »Winterdepression« helfen sie. Es handelt sich hier zwar auch nicht um eine Depression im wirklichen Sinn, aber doch um ein Unwohlsein, dass damit zu tun hat, dass man im Winter weniger natürliches Licht auf die Netzhaut des Auges bekommt. Die Netzhaut des Auges setzt Sonnenlicht in Endorphine um, in Glücksbotenstoffe. Und die sind enorm wichtig für unser geistiges Wohlbefinden. Im Winter daher jede sonnige Stunde nutzen und Spaziergänge machen! Die Sonne macht Menschen in der Karibik fröhlich und zu »Sonnenkindern«, im wahrsten Sinne des Wortes. Wenn sie aber gänzlich fehlt wie in Island oder Schweden, zumindest saisonweise, steigen die Alkoholprobleme und Selbstmordraten sprunghaft.

Das korrekt definierte Krankheitsbild der Depression hat nichts mit Unwohlsein oder schlechter Laune zu tun, auch nicht mit Traurigkeit. Trauer ist gesund und hilft der Seele. Nein, Depression zeichnet sich einzig und allein durch Hilflosigkeit und Stagnation aus: stumpfes vor sich Hinbrüten, über den Sinn oder die Sinnlosigkeit des Lebens grübeln, immer wieder mit dem Gedanken an Selbstmord spielen, ein und dasselbe Problem immer wieder durchdenken, sich in einem geistigen Teufelskreis bewegen, für einfache Dinge des normalen Lebens wie Duschen, Kaffee kochen etc. ungeheuer viel Kraft brauchen oder gleich ganz dafür unfähig sein. Depression ist die Kapitulation der Seele. Bestes Beispiel für eine so genannte »major depression«: das Kind schreit im Nebenzimmer und die Mutter hat nicht die Kraft, sich aufzuraffen und nachzuschauen, was dem Kind fehlt.

Depression ist, das weiß man heute, eine Stoffwechselstörung, genau wie Diabetes. Die fehlenden Stoffe, die der Körper nicht produzieren kann, müssen von außen zugeführt werden. Das geeignete Präparat muss der Arzt durch Tests definieren. Wer des Öfteren Depressionen hat, kommt um eine medizinische Therapie mit Antidepressiva nicht herum.

Es hat also wenig Sinn, sich im Fall einer Depression einzig und allein auf eine Gesprächstherapie oder auf begleitende Maßnahmen wie Öle und Kräuter zu verlassen. Die Zuckerkrankheit kann man ja auch nicht mit Gesprächen behandeln und ebenso wenig ein gebrochenes Bein. Dennoch sind Gesprächstherapien eigentlich immer etwas Gutes. Zumindest als flankierende Maßnahme.

Es gibt zwei Hauptgruppen von Depressionen. Die »reaktive Depression« reagiert auf ein schreckliches Erlebnis, auf eine Trennung oder eine persönliche Katastrophe anderer Art, kann die Trauer nach einer gewissen Zeit nicht mehr in einen Neuanfang umgestalten.

Die »endogene Depression« kommt von innen, ist angeboren oder anerzogen. Hier streiten sich die Wissenschaftler. Sie gehen mit dem Begriff »endogen« im Zusammenhang mit Depressionen sehr vorsichtig um.

Das kann dem Betroffenen eigentlich erst mal egal sein, denn die Symptome sind die gleichen, und sie werden auch gleich behandelt. Nur dass der endogene Depressive mit einem ständig wiederkehrenden Depressionsanfall rechnen muss, und zwar auch ohne ein einschneidendes negatives Erlebnis. Eine endogene Depression kommt und geht wie das Wetter, ist unberechenbar.

Sowohl bei reaktiven als auch bei endogenen Depressionen kann ein angenehmes Setting vorbeugend wirken. Mit der Indianermischung **Healing Öl** reiben Sie Schläfen, Stirn und das dritte Auge ein, wenn Sie befürchten, dass sich wieder eine Depression melden will. Wirksam in diesem Stadium, aber auch nützlich für das allgemeine geistige Wohlbefinden ist das altüberlieferte **Johanniskraut,** ob als Tee oder Kapseln. Depression kommt ja nicht über Nacht, sondern sie schleicht sich ein. Genau so, wie sie sich nach einer richtigen Behandlung auch wieder ausschleicht.

Alkohol ist ganz schlecht, obwohl er Glücksbotenstoffe im Körper erzeugt. Er verstärkt unkontrolliert die nötigen Medikamente und führt, gerade bei Depressiven, oft zur Sucht. Zucker ist besser. Auch Zucker kann Endorphine im Körper produzieren. Die körperlichen Nebenwirkungen von Zucker muss man aber als mögliche Gefahr immer im Auge behalten. Mein Grundsatz: Zucker ist für die Seele gut, aber für den Körper schlecht. Zucker in Einheit mit Kakao, also Schokolade, ist besonders wirksam. Wir alle kennen aber auch das Bild vom »Schokoladensüchtigen«, das durch die Medien geistert. Diese Schokoladensucht gibt es wirklich. Also vorsichtig sein.

Endorphine werden auch durch körperliche Bewegung produziert. Spaziergänge sind daher immer etwas Gutes, Sport ist noch besser. Wir alle kennen die Aussagen von Marathonläufern, die behaupten, dass sie in einem gewissen Stadium ihres Sports »wie automatisch« und ohne jede körperliche Anstrengung weiterlaufen und dass sie dabei ein Glücksgefühl empfinden, also regelrecht »high« werden. Ursache sind die durch die Bewegung frei gewordenen Endorphine. Und die sind enorm wichtig im Kampf gegen die Depression.

Man kann sportliche Aktivitäten noch durch kleine Rituale untermauern und wirksamer machen. Eine Räucherung mit **Salbei,** bevor man auf den Trimm-dich-Pfad geht oder bevor man sich aufs Fahrrad schwingt, unterstützt die Handlung. Man erklärt sie mit der Räucherung, aber auch mit einer kleinen Ölung (ebenfalls am besten Salbei verwenden!) zu einer Kulthandlung und hebt sie so aus dem Trott der lästigen Pflicht heraus. Mit einem kleinen Gebet, zu wem auch immer, stärken Sie Ihre Motivation: »Lieber Gott soundso, lieber Engel soundso, begleite mich jetzt bitte bei dieser Aktion, die meinem Körper und meiner Seele gut tun soll.« Wiederholen Sie das Gebet direkt vor der Sporthandlung noch mal, am besten dreimal. Wer regelmäßig Sport betreibt oder zumindest ausgedehnte Spaziergänge macht, ist vor Depressionen besser geschützt als typische Stubenhocker.

Eine nachhaltige erfolgreiche Behandlung ist ohne Neurologen (Nervenarzt) und Psychotherapeut aber nicht möglich. Am besten, Sie suchen einen Arzt auf, der beides in Personalunion ist.

Eine sehr heimtückische Variante ist die **manisch-depressive Depression,** auch »bipolare Störung« genannt. Der Patient ist eine ganze Zeit lang bestens gelaunt, glaubt, die Welt aus den Angeln heben zu können, hat Gott und die Welt verstanden, liebt alle, ist dynamisch wie nie. Fängt tausend Sachen an, bringt aber nichts zu Ende und schmeißt das Geld mit vollen Händen zum Fenster raus. Kurz darauf ist er zu

Tode betrübt, fertig, denkt an Selbstmord. Je exzessiver der Höhenflug, umso brutaler der Absturz. Für Zeitabstände zwischen den beiden Extremen gibt es keine allgemein gültige Regel. In der so genannten submanischen Phase, also wenn die Manie noch nicht ganz ausgebrochen ist, gleicht der Patient einem Genie. Und er genießt das, verkennt die Gefahr, in der er sich befindet. Goethe, Schiller, Tschaikowsky, Jimi Hendrix und John Lennon – sie und viele mehr waren manisch-depressiv. Und manchen Geniestreich, ob Buch oder Lied, verdanken wir bestimmt der einen oder anderen submanischen Phase. Kennen Sie noch den Ausspruch »Genie und Wahnsinn liegen eng beieinander«? Stimmt.

Manisch-depressive Patienten versuche ich zu einem Vorbeugeprogramm zu bewegen. Ihre Stoffwechselstörung sieht so aus, dass sie oft mit der regelmäßigen Gabe von Lithium behoben oder zumindest gelindert werden kann. So ein Lithiumpräparat und seine genaue Dosis kann nur ein Neurologe verschreiben.

Bei Psychosen und Depressionen brechen oft Fakten aus dem Patienten heraus, die unbedingt besprochen und erkannt werden müssen. Schreckliche Kindheitserinnerungen, Lebenslügen aller Art, Schuldgefühle, das Eintauchen in andere Persönlichkeiten. Hier kann ich als Hexe wieder helfen, mit meinen Mitteln. Die Behandlung durch einen Arzt ist aber dennoch unbedingt nötig.

Wir unterscheiden dabei die aktuell körperliche Behandlung und die Langzeitbehandlung, die meist auf der Ebene einer Therapie abzulaufen hat. »Therapie« – wieder so ein schrecklicher und mit Vorurteilen behafteter Begriff! Viele Leute denken dabei an Gehirnwäsche, Manipulation und andere gemeine Dinge mehr.

Was habe ich in meinem Hexenladen schon an Überzeugungsarbeit leisten müssen, bis sich mein Gegenüber endlich zu einem Ja in Sachen Therapie durchringen konnte. Nein, ich kann psychische Störungen nicht wegzaubern oder in etwas Gutes verhexen! Bis ich das nachhaltig vermittelt habe, ist in vielen Fällen stundenlanges Reden erforderlich. Was oft auch schon einer Vortherapie gleichkommt.

Welche Therapie ist die richtige für Sie und Ihr Problem? Das Angebot ist groß, und man sollte sich nicht davon irritieren lassen. Hausärzte sind als Berater oft ungeeignet; sie sind schlichtweg von der Problematik überfordert. Es gilt auch hier: Werden Sie ein aktiver Patient, machen Sie sich schlau, reden Sie mit und lassen Sie sich auf keinen Fall gleich vom erstbesten Wald- und Wiesentherapeuten einlullen. Holen Sie Empfehlungen von Freunden und Bekannten ein. Recht sinnvoll ist die Broschüre »Wegweiser zur Psychotherapie«. Sie ist bei folgender Adresse erhältlich:
Berufsverband Deutscher Psychologinnen und Psychologen (BDP),
Heilbachstr. 22, 53123 Bonn, Tel. 02 28/98 73 10.

Weitere Tipps erhalten Sie unter folgenden Anschriften:
Deutsche Gesellschaft für Verhaltenstherapie (DGVT),
Neckarhalde 55, 72070 Tübingen, Tel. 0 70 71/94 34 11
Deutsche Akademie für Psychoanalyse (DAP),
Goethestr. 54, 80336 München, Tel. 089/53 96 74
Christoph-Dornier-Stiftung für Klinische Psychologie,
Hohe Straße 53, 01187 Dresden, Tel. 03 51/4 63 69 61

»Therapeut« und »Lebensberater« darf sich jeder nennen. Drum prüfe, wer sich ewig bindet, ob sich nicht noch was Besseres findet. Und ob die Krankenkasse mitspielt. In einem gesunden Körper steckt ein gesunder Geist, *mens sana in corpore sano,* das wussten schon die alten Römer. Psychische Krankheiten bedingen oft körperliche, und umgekehrt. Manches körperliche Problem wird sich daher nach einer erfolgreichen Psychotherapie wie von selbst lösen.

Nach diesem kleinen und bestimmt nicht vollständigen Ausflug in den Bereich der psychischen Probleme nun wieder zurück zum Hauptthema dieses Buches, zu Kräutern und Ölen. Es gibt da ein paar Grundregeln für den richtigen Umgang mit diesen wertvollen Gaben, die Sie unbedingt kennen und beachten sollten.

Grundsätzliche Tipps zum Umgang mit Ölen und Kräutern

Kräuter und Öle sind Gaben der Götter. Oder, wenn Sie es etwas weniger esoterisch wollen: Gaben der Natur. Sie verdienen unsere ganze Aufmerksamkeit und eine respektvolle Behandlung. Und das nicht nur aus dem Motiv heraus, ihre Wirksamkeit erhalten zu wollen und voll zu entfalten, sondern auch in ganz altruistischem Sinne. Wenn wir davon ausgehen, dass Pflanzen Lebewesen sind, dass sie Gefühle haben, Schmerz und Freude empfinden können, so wird uns das leichter fallen. Zumal uns diese Pflanzen, ob getrocknet als Kraut oder verarbeitet zu Öl, Hilfe und Unterstützung in vielen Lebenslagen geben.

Die Pflanzen, die Sie als Kraut oder Öl in Ihren Haushalt bringen, wollen Ihnen also helfen. Und sie können es auch. Darum behandeln wir sie wie gute Freunde, begrüßen sie, suchen einen schönen Platz für sie aus, gegebenenfalls einen schönen Behälter.

So gibt es sehr schöne Teedosen, günstig zu erstehen, liebevoll verziert und luftdicht abschließbar. Dieser letzte Punkt ist wichtig, wenn wir verhindern wollen, dass Aromastoffe unkontrolliert austreten. Damit keine Gärung durch Hitze entsteht, sollten Kräuter nie an einem warmen Platz stehen, sondern stets bei einigermaßen konstanter Zimmertemperatur in einem Schrank. Dieser Schrank befindet sich besser nicht im Badezimmer, denn da könnte doch trotz aller Vorsichtsmaßnahmen Feuchtigkeit in die Kräuterdose eindringen.

Kräuter eignen sich zwar zum langen Aufheben, besonders in getrocknetem Zustand, aber allzu lange sollte man sie nicht liegen lassen. Je »frischer« sie sind, umso mehr Wirkstoffe haben sie.

Anders ist das bei Ölen. Hier geben die Pflanzenbestandteile immer mehr Wirkstoffe an das Basisöl ab. Sie werden also im Lauf der Zeit immer wirksamer. Wenngleich hier darauf zu achten ist, dass das Öl nicht »umkippt«, also ranzig wird. Das kommt aber bei guten Ölen so gut wie nie vor und darf eigentlich auch nicht vorkommen.

Öle bewahren Sie am besten in der Flasche auf, in der Sie sie gekauft haben. Es handelt sich dabei meist um Flaschen oder Fläschchen aus getöntem Glas. Daraus bekommen wir den Hinweis, dass Licht schlecht ist für Öle. Stellen Sie Ihr Ölfläschchen also stets ins Dunkle, in einen geschlossenen Schrank.

Öle kann man verschiedenartig verwenden, zum Beispiel in *Bädern*. Ein paar Tropfen im Badewasser genügen. Vor diesem Bad haben Sie sich gründlich gereinigt, also geduscht oder ganz normal gebadet.

Das Ölbad soll also nicht der Körperreinigung dienen. Fügen Sie auch auf keinen Fall dem Wasser andere Wirkstoffe bei, Seife zum Beispiel, sie verändern damit nämlich die Schwingungen des Heilbades oder des rituellen Bades, und das kann nicht im Sinn der Sache sein. Legen Sie sich einfach in das geölte Wasser, meditieren Sie, beten Sie, konzentrieren Sie sich auf das, was Sie mit dem Bad bezwecken wollen. Ob es nun um körperliche oder spirituelle Angelegenheiten geht.

Öle können Sie auch dem *Bodenputzwasser* beifügen, ein bis zwei Tropfen genügen. Während Sie dann den Boden Ihrer Wohnung putzen, konzentrieren Sie sich auf Ihr Ziel. Wenn Sie einen Teppichboden zu Hause haben, sprühen Sie ein bisschen geöltes Wasser in alle vier Ecken jedes Raumes – so ähnlich, als wenn Sie ein katholischer Priester wären, der eine Segnung mit Weihwasser vornimmt. Das Prinzip ist das ja auch fast dasselbe.

Wenn Sie das Öl *am Körper tragen* wollen, dann gehen Sie sparsam damit um. Ich habe bereits darauf hingewiesen. Das Gleiche gilt, wenn Sie das Öl auf Ihre Kleidung auftragen wollen: Weniger ist mehr.

Sehr wirksam ist es auch, das *Zimmer mit der Energie des Öls aufzuladen*. Dazu gehört ein offenes Gefäß, das Sie einfach ins Zimmer stellen. Oder Sie verteilen frei nach Fantasie ein paar Öltropfen in Ihrem Zimmer.

Sie können aber auch mit *Licht- oder Duftringen* arbeiten. Ein paar Tropfen auf den Ring geben, sich dabei auf das angestrebte Ziel konzentrieren und den Ring dann auf eine Glühbirne stellen.

Auch *Kräutermischungen* lassen sich durch die Zugabe von Öl noch veredeln. Achten Sie aber darauf, dass sich das Öl und die Kräuter nicht »beißen«, dass sie nicht zwei konträre Ziele in einer Aktion ansteuern. Aber hier gibt es eine relativ gute Kontrolle: unseren Geruchssinn. Wer das falsche Öl auf eine Kräutermischung gibt, wird merken, dass ein leicht unangenehmer Geruch entsteht.

Sehr effektvoll sind auch *Duftdiffusoren*. In den oberen Teil des Gerätes geben wir ein bisschen Wasser mit Öl, konzentrieren uns bei dieser Handlung voll auf das gewünschte Ziel, und zünden dann die Kerze darunter an. Versuchen Sie, ein Gefühl in sich zu produzieren, als hätten Sie das gewünschte Ziel schon erreicht. Wer krank ist, stellt sich also intensiv vor, er wäre schon gesund. Und wer unglücklich verliebt ist, stellt sich vor, der oder die Geliebte hätte ihn gerade erhört.

Sozusagen zwei Fliegen mit einer Klappe schlagen Sie, wenn Sie *Steine salben*. Sie machen sich die Energie des Steines zu Nutze und auch die des Öls. Steine zu salben ist ein uralter Brauch; und er ist sogar schon in der Bibel erwähnt. So schüttete Jakob Öl auf den Stein, den er zum Gedenken an seine Vision in Bethel aufgestellt hatte. Und in Indien wurden eingeölte Steine für Prophezeiungen benutzt.

Öle schützen und reinigen. Schamanen, Zauberer, Okkultisten, religiöse Anführer, aber auch ganz normale Menschen wissen das, sofern sie sich ein bisschen mit der Natur beschäftigen. Ausschlaggebend sind die Schwingungen des Öls. Und natürlich auch der Geruch, der direkt ins

Unterbewusstsein geht und dort entscheidende Veränderungen provozieren kann. Der »Geist« des Öls gibt uns Gleichgewicht und Gelassenheit, kann positiv in unser Leben eingreifen, um was es auch geht.

Wir können diese Wirkungen verstärken, wenn wir bewusst an die Sache herangehen und wenn wir schon beim Auftragen des Öls ein paar Spielregeln beachten. Das *Auftragen von Öl auf einen Körper* ist besonders wirksam, wenn Sie sich an folgende bewährte Vorgehensweise halten: Denken Sie an zwei magische Dreiecke, die Sie geistig im Zusammenhang mit Ihrem Körper projizieren. Sie erkennen ein Dreieck mit der Spitze nach oben, das sich von oberhalb des Bauchnabels bis zum Kopf abzeichnet. Vom Bauchnabel bis zu den Zehen gibt es ein Dreieck mit der Spitze nach unten. Wenn Sie sich einölen, fangen Sie jeweils bei der unteren Linie des Dreiecks an und arbeiten sich bis an dessen Spitze vor. Wenn Sie etwas anziehen wollen, wie Glück, Gesundheit, Geld oder Liebe, dann reiben Sie stets zum Körper hin, also nach innen. Wenn Sie etwas loswerden wollen, schlechte Einflüsse, Pech, Krankheit, dann reiben Sie stets vom Körper weg, also nach außen.

Beim *Auftragen von Öl auf Objekte* gilt das gleiche Prinzip, egal um welches Objekt es geht, ob um eine Kerze, einen Stein oder einen Talisman. Auch hier stellen Sie sich ein Dreieck vor, das das Objekt umschließt. Die Spitze dieses imaginären Dreiecks zeigt auf Sie, wenn Sie etwas anziehen wollen. Und so bestimmt sich die Reibebewegung. Umgekehrt zeigt die Spitze des vorgestellten Dreiecks von Ihnen weg, wenn Sie etwas loswerden, etwas abstoßen wollen.

Was enorm wichtig ist, ich kann es gar nicht oft genug betonen, ist die innere Einstellung, mit der Sie all diese

Handlungen begehen. Sie müssen stets voll konzentriert sein, Ihr Ziel nie aus Ihrem geistigen Auge verlieren. Gleich mehr darüber.

Auf die innere Einstellung kommt's an

Ein Thema, das sich durch alle meine Bücher zieht wie ein roter Faden: die innere Einstellung. Und leider ein Thema, auf das ich immer wieder hinweisen muss. »Leider« deshalb, weil der Glaube an die Allmacht der Automaten immer mehr statt weniger die geistige Haltung vieler Menschen bestimmt. Ein Automatismus wird inzwischen regelrecht vorausgesetzt. Und wenn nicht vorausgesetzt, dann doch wenigstens als wünschenswert angesehen.

In meinem letzten Buch prägte ich den Begriff von der »Knopfdruck-Mentalität«. Ich drücke auf diesen oder jenen Knopf und erzeuge damit eine ganz bestimmte Wirkung. Beispiel: Ich habe Kopfweh, greife zur Tablette, und wie auf Knopfdruck geht der Schmerz weg. Praktisch.

Schlimm ist es, dass diese Knopfdruck-Mentalität auch in so genannten esoterischen Kreisen grassiert. Wer unglücklich verliebt ist, vergräbt bei Vollmond drei Haare unter einer Linde, sagt Hokuspokus, und das Problem soll sich gefälligst auflösen. Und wer Geldprobleme hat, will diese auf ähnliche Weise loswerden. Hokuspokus Fidibus, dreimal schwarzer Kater, Talisman mit Öl einreiben, Kräuter zu einem Sud kochen, am besten genau nach Vorschrift, und schon lösen sich alle Probleme in Wohlgefallen auf.

»Soll ich jetzt bei dem Ritual auf Seite soundso hellgelbe oder dunkelgelbe Kerzen nehmen? Und kann ich statt Healing-Öl auch Success-Öl verwenden?« Sie glauben gar nicht, wie viele Briefe dieser Art ich bekomme. Das Vertrauen in die Macht einer magischen Zutat oder eines magischen Rituals gerät ebenfalls in die Bahn der Knopfdruck-Mentalität, wirkt manchmal geradezu lächerlich.

Schulmediziner und Jahrhunderte mit kirchlicher Erziehung haben einen großen Anteil daran, dass viele Menschen nun mal so gestrickt sind. Der Schulmediziner schreibt, kaum dass er den Namen der Krankheit auch nur vermutet, sofort ein Medikament auf. Und die Kirche gibt in Sachen Seelenheil ganz klare Anweisungen. Wer dies oder jenes tut, kommt in den Himmel, alle anderen in die Hölle. Und wer gesündigt hat, der geht zur Beichte, und Hokuspokus ist die Sünde weg, quasi per Knopfdruck. Wirklich genial, aber leider unzutreffend und völliger Quatsch.

Darum hier noch mal, sozusagen fürs Merkheft: Alles auf dieser Welt hat nur die Bedeutung, die wir ihm geben. Das gilt für Begebenheiten, Umstände, Zustände und Wünsche. Der eine will dicker werden, der andere dünner. Und ein Dritte-Welt-Bewohner wünscht sich nichts mehr als ein schickes Appartement in der Stadt, während ein gestresster Stadtmensch unbedingt wieder zurück zur Natur will. Alles ist relativ, alles ist individuell wertvoll oder unbedeutend.

Das gilt auch und besonders im magischen Bereich. Was für den einen ein unverzichtbarer Glücksbringer ist, stellt für den anderen nur ein Stück Modeschmuck dar. Das bekannteste Beispiel hierzu ist wohl das christliche Kreuz. Die Palette seiner Bedeutung reicht vom geweihten Kultgegenstand bis hin zur Heavy Metal-Dekoration.

Auch Salbungen und Rituale haben nur dann einen Sinn, wenn man konzentriert und mit ganzem Herzen dabei ist.

Wenn ich Ihnen immer wieder mal Beispielsrituale vorstelle, dann tue ich das bestimmt nicht in der Absicht, dass Sie diese einfach nachäffen. Sie können sie gern als Anhaltspunkt oder Vorschlag nehmen, im Grunde aber eigentlich machen, was Sie wollen, sofern Sie ein paar Grundregeln beachten, damit Ihnen und anderen kein Schaden zugefügt wird. Aber ob Sie ein bestimmtes Öl nun auf diese oder eine andere Kerze tun, das bleibt Ihnen doch selbst überlassen.

Sinn aller Rituale kann in erster Linie nur sein, dass Sie sich besser geistig programmieren können. Allein die Beschaffung der notwendigen Zutaten macht Ihnen klar, dass es jetzt um etwas ganz Besonderes geht, dass bald etwas passiert, was sich vom Alltag abhebt.

Gesellschaftlich anerkannte Rituale haben in der heutigen Zeit kaum mehr eine Bedeutung. Sie sind leer geworden, schaffen oft nur den Anlass für eine schöne Feier. Und das Ausrichten dieser Party ist dann viel wichtiger als das Ritual, das damit zu tun hat oder zu tun haben sollte. Denken Sie doch nur an bestbekannte Anlässe wie Taufe, Kommunion, Hochzeit oder ähnliche. Der Pfarrer wird als Stimmungsmacher missbraucht, als lebendige Zutat, und dann hoch die Tassen. Stimmt's etwa nicht?

Darum ist es für uns Hexen besonders wichtig, den Wert von Ritualen immer wieder zu erklären. Denn Rituale haben in unserer Kultur eine große Bedeutung, auch wenn sie bestimmt keine Knopfdruck-Wirkung haben. Wer ein x-beliebiges Ritual einfach imitiert, wird damit nicht den geringsten Erfolg haben.

Vergleichen Sie ein Ritual mit dem Coaching von Sportlern und Künstlern, dem positiven Programmieren des Geistes auf ein ganz bestimmtes Ziel.

Freilich können Sie einen Kräutertee auch einfach nur herunterkippen. Meinetwegen einen gegen Erkältung. Er wird Ihnen bestimmt nicht schaden, wahrscheinlich Ihrem Körper sogar gut tun. Aber wenn Sie sich ein bisschen mental auf die Tee-Einnahme vorbereiten, eine kleine Zeremonie daraus machen, programmieren Sie Ihr Unterbewusstsein damit auf die Bedeutung dieses Tees, machen ihn um ein Vielfaches wirksamer. Das ist einfach so und hat nicht das Geringste mit Hokuspokus zu tun. Freilich werde ich als Hexe meine Götter anrufen, die heilende Kraft des Tees heraufbeschwören und so weiter. Was Sie aber nicht daran hindern kann, sich einfach auf die gewünschte Heilung zu konzentrieren, ohne Götter und ohne überliefertes Drumherum. Wie Sie sich letztlich positiv programmieren, das entscheiden Sie ganz allein.

Bei Einreibungen mit Öl bietet es sich besonders an, langsam und bewusst zu Werke zu gehen. Schließlich dauert diese Aktion ja eine ganze Zeit lang. Warum nicht diese Zeit nutzen, indem man sein Ziel projiziert?

Diese Projektion des Zieles ist natürlich dann unerlässlich, wenn es um Anliegen geht, die über gesundheitliche Fragen hinausgehen, denn bei Gesundheitsfragen arbeiten Kräuter und Öle bis zu einem gewissen Punkt selbstständig. Ihre Wirkung ist messbar; und auch verantwortungsvolle Schulmediziner greifen inzwischen gern auf die Angebote von Mutter Natur zurück, bevor sie chemische Hämmer verschreiben.

Bei Problemen wie Liebeskummer, Prüfungsangst, Geldmangel und anderen ist die geistige Projektion des gewünschten Effektes unerlässlich. Ohne die richtige Einstellung geht hier gar nichts. Da können Sie sich aus magischen

Kräutern Salate machen oder daraus Kleidungsstücke nähen und täglich hundertmal im raffiniertesten Öl baden – ohne die richtige Haltung wird sich kein Erfolg einstellen. Glauben Sie mir einfach.

Wesen und Sinn jeder Handlung in magischer Absicht muss die Kontemplation sein – ein Begriff, der kompliziert klingt, es in seiner Bedeutung aber nicht unbedingt ist. Unter Kontemplation verstehen wir die Verschmelzung mit der Zeit, das persönliche uneingeschränkte Dasein im Hier und Jetzt, in dem es weder ein Morgen noch ein Gestern gibt. Vor die Kontemplation haben die Götter die Hürde der absoluten Loslösung gestellt. Wer sich im Hier und Jetzt empfinden will, der muss alles loslassen, was ihn daran hindern könnte. Was sich in dieser Form erst mal sehr einfach lesen, aber in der Konsequenz mehr als schwierig erleben lässt.

Wer kann sich schon einfach hinsetzen, jeden Liebeskummer, alle Geldsorgen oder auch Ängste um die Gesundheit einfach abschütteln? So problemlos lässt sich ein derartiger Plan nicht umsetzen. Irgendwo im Hintergrund werden sich immer irgendwelche Gedanken melden, ob wir es nun wollen oder nicht, die uns am bewussten Empfinden der aktuellen Gegenwart stören werden. Das menschliche Gehirn erscheint in der Kapazität seiner Speicherungsfähigkeit potenter als jeder noch so hochgerüstete Computer. Alles, was wir erleben, alles, was wir je erlebt haben und auch noch erleben möchten, alles, was wir eigentlich schon verarbeitet oder zumindest erfolgreich verdrängt haben, all das wird sich in Momenten, in denen wir nichts anderes suchen als die Ruhe in uns, auf jedwede Art bemerkbar machen. Sich im Sinne der Kontemplation loslösen, so wie es uns aus dem Zen empfohlen wird, ist eine der schwierigsten Übungen, die man sich nur vorstellen kann.

Auf dem Weg zur Einheit mit der Zeit gibt es mehrere Übungsmöglichkeiten. Sie alle wollen getestet und auf ihre individuelle Tauglichkeit untersucht werden.

Als sehr erfolgreich gilt die Verwendung eines Mantras. Sie denken so intensiv und so lange an ein bestimmtes Wort, bis Ihr Hirn von allem anderen leergefegt ist. Halten Sie sich an einfachen Worten fest, die Ihnen etwas sagen. Bekannt und hier zu Lande immer wieder wirksam: »Jesus«, »Amen«, »Ave Maria« oder auch »Gott«. In anderen Kulturen: »Allah«, »Mohammed«, »Hare Krishna, Hare Rama« und viele mehr. Der Klang des Wortes ist bedeutungslos. Wichtig ist nur, dass Ihnen mit diesem Wort eine Art Heiligkeit oder zumindest Besonderheit vermittelt wird. Theoretisch dürfen Sie sogar den Namen Ihres heiß geliebten Katers »Moritz« zum Mantra heranziehen, den Wochentag »Sonntag« oder »Dienstag«, Sie werden es mit solchen Worten allerdings um einiges schwerer haben als mit denjenigen, die in Ihrem Unterbewusstsein eine gewisse spirituelle Grundhaltung wecken können. Wer sich ruhig und voller Konzentration immer wieder sein Mantra vornimmt, es denkt, laut ausspricht oder auch singt, wird die innere Freiheit zwangsläufig erreichen. Die Dauer des Verfahrens hängt dabei von vielen äußeren Einflüssen ab, kann aber im Schnitt mit einem Zeitraum zwischen einer halben und drei Stunden festgemacht werden. Das nun erreichte mystische Gefühl gleicht einer Euphorie.

Eine andere Methode basiert auf dem »Schritt-für-Schritt-Verfahren«. Sie gehen so lange spazieren, konzentrieren sich dabei immer nur auf den jeweiligen Schritt, den Sie gerade tun, bis sich die innere Freiheit meldet. Es sieht ein bisschen befremdend aus, wenn man nach diesem Rezept spazieren geht. Manche Menschen halten sekundenlang den Fuß in der Luft, bevor sie ihn aufsetzen, wirken wie in Zeitlupe. Es ist daher anzuraten, solche Übungen nicht unbedingt auf viel frequentierten Wegen zu praktizieren.

Jogging, Rad fahren, Schwimmen, überhaupt jede Art von körperlicher Bewegung ist der dritte Weg zur Verschmelzung mit der Zeit. Das Motto dabei muss allerdings lauten: In dem Moment, in dem mein Körper eigentlich eine Pause machen möchte, erschöpft ist, fängt der Weg erst an. Es geht darum, so lange weiterzumachen, bis der Körper jede ihm abgeforderte Bewegung in einem Automatismus erledigt, bis er sozusagen wie von selbst weiter läuft, weiter schwimmt oder weiter Rad fährt. Nun ist das Hirn frei. Nicht nur bekannte und erfolgreiche Jogger berichten von euphorischen Glückszuständen, die sie in solchen Situationen erfahren.

Je öfter man es schafft, auf einem dieser Wege die absolute Verschmelzung mit der Zeit, also die Kontemplation, das bedingungslose Dasein im Hier und Jetzt zu erreichen, umso eher kann man sich vorstellen, dass dieser Zustand durchaus dazu geeignet ist, um magische Prozesse in Gang zu setzen.

Der Zustand der Kontemplation ist der geeignetste, wenn Sie visualisieren wollen oder auch meditieren, beten oder einfach nur zur inneren Ruhe und zur inneren Kraft kommen möchten. Daher ist es ohne jeden Zweifel sinnvoll, den Weg dahin zumindest kennen zu lernen. Es gibt diesbezüglich etliche Seminarangebote, meist allerdings christlich gefärbte. Was den Lernwilligen aber nicht davon abhalten sollte, diesbezüglich seine Erfahrungen zu machen. Denn es geht schließlich einzig und allein um das Einstudieren einer gewissen Technik.

Der innere Zustandsbericht, ob durch Depression, Krankheit oder auch unglückliche Liebe gekennzeichnet, auf der anderen Seite der Skala vielleicht aber durch Euphorie und Kontemplation, ist in jeder Phase des Lebens unbedingt abzufragen, bevor wir uns an Experimente magischer Art wagen. Ohne seine Rückmeldung, dass wir uns fit und stark genug fühlen, magische Experimente zu wagen, sollten wir die Finger von ihnen lassen, und nicht nur die Finger, sondern vor allem unseren Geist.

Trotzdem bleibt es uns stets unbenommen, uns über handfestere Zusammenhänge und Fakten in puncto Öle und Kräuter schlau zu machen: Weisheiten, die wir heute vielleicht noch als Theorie abheften, die morgen aber schon sehr schnell in den Bereich der Praxis umschlagen können. Die beim Thema Beschaffung der für magische Versuche geeigneten Zutaten schon anfangen. Also zurück von der vollkommenen Verschmelzung mit der Gegenwart zu Schritt Nummer eins: Wir machen uns auf die Suche nach magisch wirkenden Kräutern und Ölen.

5

Woher diese Öle
und Kräuter nehmen?

Es ist nicht unbedingt leicht, sich die richtigen Öle und Kräuter zu besorgen. Das fängt schon damit an, dass bei uns in Westeuropa viele Kräuter ausgestorben sind und damit auch die geeigneten Zutaten für selbst angemischte Öle. Sie existieren einfach nicht mehr, auf Grund von Klima- oder Bodenveränderungen, wahrscheinlich aber auf Grund von Folgeerscheinungen unserer Zivilisation. Smog und andere Umweltverschmutzungen haben ihnen den Garaus gemacht.

Einige wichtige Kräuter gibt es immerhin noch in Osteuropa, zum Beispiel in Tschechien, Rumänien und Russland. Auf Kräuter aus diesen Ländern greife ich allerdings nur im äußersten Notfall zurück. Man weiß nämlich nicht, inwieweit sie noch strahlenbelastet sind. Der schreckliche Unfall von Tschernobyl ist mit all seinen Begleit- und Folgeerscheinungen noch lange nicht ausgestanden.

Darum ist es sicherer, auf Kräuter aus Afrika, Südamerika und Indien zurückzugreifen. Zumal wir aus diesen Ländern auch fertige und höchst wirksame Mischungen angeboten bekommen.

Natürlich können wir selbst auch einen kleinen Kräutergarten anlegen. Kamille, Basilikum, Melisse, Zitronella, wilder Majoran, Lavendel, Salbei und viele mehr wachsen auf jedem noch so kleinen Balkon. Man kann in fast jeder Gärtnerei die Samen kaufen oder, besser noch, bereits angekeimte und aufstrebende kleine Setzlinge. Noch besser ist es, Samen und Setzlinge von wilden Pflanzen zu nehmen. Da muss man dann natürlich ein bisschen suchen. Ob nun im Wald oder in Gärtnereien. Am besten fragt man Freunde und Bekannte, die ebenfalls einen Kräutergarten haben und die mit wilden Samen arbeiten.

Grundsätzlich ist es immer zu begrüßen, wenn sich jemand seine Kräuter selbst zieht. Es entwickelt sich dann nämlich ein ganz besonderes Verhältnis zwischen Mensch und Pflanze. Ein Verhältnis, das sich auch in der Wirkung der Pflanze niederschlägt. Selbst gezogenes Gemüse schmeckt immer am besten. Allein schon von der geistigen Einstellung her werden die Geschmacksnerven positiv vorprogrammiert. Außerdem ist Gartenarbeit, auch wenn sie sich nur auf ein kleines Kräuterbeet oder einen kleinen Blumenkasten bezieht, immer sehr entspannend und erbaulich.

Worauf prinzipiell zu achten ist

Der wichtigste Punkt beim Kaufen von Kräutern, Samen und Setzlingen: Achten Sie darauf, dass Sie auch wirklich das bekommen, was Sie suchen. Allzu oft wird geschlampt, falsch eingetütet, beim Verkauf falsch beraten. Nicht jeder, der in einer Gärtnerei oder in der Pflanzenabteilung eines Großmarktes tätig ist, ist auch ein Experte in Sachen Kräutern. Also lesen Sie sich Wissen an, nehmen Sie Bücher mit

Vergleichsbildern mit zum Einkaufen, nehmen Sie jemanden mit, der sich auskennt mit der Materie.

Genauso wichtig: Kräuter sollten stets so frisch wie irgend möglich sein, dann sind sie am wirksamsten. Natürlich können Kräuter aus Indien oder Lateinamerika in der Regel nur in getrocknetem Zustand zu uns geschickt werden. Aber alle anderen, die hier wachsen oder die hier angebaut werden können, sollten wirklich frisch sein.

Ob Öle oder Kräuter, von ganz großer Bedeutung ist das Wissen über Ihre ganz persönlichen körperlichen Befindlichkeiten. Es kann durchaus sein, dass Sie mit einem bestimmten Kraut oder Öl einen gewissen Effekt erzielen wollen, aber allergisch dagegen sind. Ausgerechnet gegen diese ganz bestimmte Substanz, vielleicht Gräserpollen oder irgendetwas anderes. Wenn Sie nicht genau wissen, inwieweit Ihr Körper allergische Reaktionen zeigt, machen Sie als Neuling beim Arzt einen Allergietest. Oder aber, wenn Ihnen das zu umständlich ist, gehen Sie schrittweise und vorsichtig mit den neuen Substanzen um. Wer einen Kräutergarten hegt und pflegt, wird schon beim Hantieren mit den Pflanzen bemerken, was ihm gut tut oder nicht.

Spätestens bei der Einnahme der geernteten oder gekauften Pflanzen werden Sie feststellen, ob Sie unerwartet allergische Reaktionen zeigen. Darum tasten Sie sich aufmerksam und vorsichtig an die empfohlene Dosis heran.

Die Dosis ist überhaupt sehr wichtig beim Umgang mit Kräutern. Sie dürfen auf keinen Fall davon ausgehen, dass eine doppelte Dosis auch eine doppelte oder doppelt so schnelle Wirkung im positiven Sinn zeigen wird. Das ist ein gefährlicher Trugschluss!

Ich hatte mal eine Kundin, die sich mittels Muskat erotisch attraktiv machen wollte für ihren Freund. Sie plante eine heiße Liebesnacht, und weil sie der Meinung war, dass doppelt genäht besser hält und weil sie sich außerdem mit Muskat noch ein bisschen high machen wollte, nahm sie noch mehr als das Doppelte. Mit dem Ergebnis, dass sie drei Tage auf der Intensivstation eines Krankenhauses verbringen musste.

Bei Ölen achten Sie bitte prinzipiell darauf, dass es sich wirklich um echte Öle handelt, die Sie kaufen. Eigentlich müsste es ja auf der Flasche stehen, tut es aber in vielen Fällen nicht. Sie merken mit ein bisschen Übung sehr schnell, was ein echtes und was ein synthetisch hergestelltes Öl ist: Echtes ist regelrecht »ölig« und zähflüssig, synthetisches wässrig und längst nicht so geruchsintensiv wie echtes.

Doch auch synthetisch hergestellte Öle sind durchaus brauchbar, wenn Sie mit ihnen weder eine gesundheitsfördernde noch eine spirituelle Wirkung erzielen wollen, sondern einfach nur die Luft in Ihrer Wohnung verbessern möchten oder das Öl einfach als Parfüm betrachten. Sie sparen sich dann mit synthetisch hergestellten Ölen eine Menge Geld.

Alle Öle müssen stets in lichtschützenden Fläschchen aufbewahrt und verkauft werden, also in braun oder grün getöntem Glas. Öl in hellen oder gar durchsichtigen Flaschen ist meist schon verdorben, bevor Sie es bezahlt haben.

Wer mit Allergien zu kämpfen hat oder den Verdacht hat, dass es bei dem einen oder anderen Wirkstoff Probleme geben könnte, sollte sich grundsätzlich nur an Produkte halten, auf denen auch genau angegeben ist, aus was sie im Einzelnen bestehen. Das ist bei Ölen oft nicht der Fall, besonders nicht bei fertigen Mischungen, die häufig geheim sind. Sie müssen sich also auch im Fall des Öls vorsichtig an die Materie herantasten, wenn Sie böse Überraschungen vermeiden wollen.

Kaufen – wo?

Wer sich nicht die Mühe mit einem Kräutergarten machen will oder kann, wer darüber hinaus mit Kräutern arbeiten will, die es hier zu Lande im Beet nicht mal zu einem kümmerlichen Pflänzchen bringen würden, der kauft sich seine Öle und Kräuter.

Kräuter erhalten Sie nicht nur in den schon erwähnten Gärtnereien und Samenhandlungen, sondern auch in botanischen Läden, manche in Religionsläden, gut sortierten Apotheken und Drogerien, Reformhäusern, Okkultläden oder auch in größeren Supermärkten. Sie finden sie in diesem Fall meist in der Nähe von Kerzen, Parfüms oder Aromatheraphie-Artikeln. Besser sind immer Spezialgeschäfte, nicht nur im Fall von Ölen und Kräutern, sondern in allen Bereichen. Ganz einfach deshalb, weil sie dann eher davon ausgehen können, auch fachkundig beraten zu werden.

Wer ohne Beratung auskommen will, kann sich im Fall der Öle an den jeweiligen Namen orientieren. Manche sind nach ihrem »psychischen Gefühl« benannt, das vom jeweiligen Namensgeber recht exotisch und willkürlich empfunden worden sein kann. Andere, besonders Mischungen, haben den Namen des angestrebten Zieles: »Success«, »Aphrodite«, »Fast Money« und so weiter. Es ist dennoch wichtig, sich vor dem Kauf über den jeweiligen Hintergrund und die beabsichtigte Wirkung zu informieren, ob in einem Buch oder einer persönlichen Beratung. Sprache, gerade in Schlagwörtern und Titelbezeichnungen, wird als subjektiv empfunden. Und nicht jeder, der glaubt, aus dem Namen eines Krautes oder eines Öles die beabsichtigte Wirkung herauslesen zu können, hat damit auch Recht.

Spezialgeschäfte für magisch verwendbare Kräuter und Öle gibt es auch, sogar eine ganze Gärtnerei: die »Hexengärtnerei Blumenschule« in Schongau, Telefon (0 88 61) 73 73, die einzige ihrer Art in Deutschland. Hier werden auch Seminare angeboten über den richtigen Umgang mit Kräutern und Pflanzen aller Art.

Selbst anmischen – wie?

Wenn ich Ihnen im Folgenden nun ein paar Rezepte an die Hand gebe, wie Sie sich Ölmischungen selbst anfertigen können, dann tue ich das bestimmt nicht aus einem kleinkrämerischen Bewusstsein heraus, dass man sich mit diesen selbst gefertigten Mischungen Geld sparen könnte. Öle sind nun mal eine wertvolle Sache; und Sie sollten Ihnen auch etwas wert sein.

Der entscheidende Aspekt bei selbst gefertigten Ölmischungen ist einfach der, dass Sie sich in der Vorbereitungsphase des Zutatenkaufs und der eigentlichen Mischhandlung schon mit Ihrem Wunsch oder Ihrem Problem beschäftigen. »Selbst gebasteltes ist immer mehr wert«, pflegte man uns als Kindern zu sagen, und das stimmt auch. Zu allem, was man selbst angefertigt hat, mit seinen eigenen Händen, hat man ein viel bewussteres Verhältnis.

Natürlich kommt beim eigenverantwortlichen Anmischen von Ölen noch ein ganz praktischer Aspekt dazu: Sie können je nach persönlicher Neigung die eine oder andere Geruchsnote betonen oder weglassen, je nach beabsichtigter Wirkung gewisse Aspekte hervorheben oder etwas in den Hintergrund treten lassen. So gestalten Sie Ihr ganz persönliches Öl, das es nirgends auf der Welt zu kaufen gibt, das einzig und allein nur Ihnen gehört. Es ist zugeschnitten auf Ihre Bedürfnisse und Ihr Geruchsempfinden. Also werden Sie zum Öl-Designer!

Die folgenden Rezepte sollen daher vor allem in der Dosierung Anhaltspunkte geben, nicht mehr und nicht weniger. Als Anfänger in Sachen Ölmischen aber halten Sie sich bitte erst mal an meine Vorgaben. Erst im Lauf der Zeit fangen Sie zu experimentieren an, verändern dabei bitte immer nur die Dosis einer einzigen Zugabe. Tasten Sie sich so an Ihr Idealöl heran, Schritt für Schritt. Führen Sie dabei immer peinlich genau Buch, damit Sie nicht bei jedem Mischvorgang wieder bei Null anfangen müssen.

Recht einfach herzustellen ist die Mischung »**Liebe mich**« oder »**Sei verrückt nach mir**«. Der Name der Mischung verrät ihre Absicht. Als klare Basis nehmen Sie 30 Milliliter Mandel- oder Sonnenblumenöl, dazu kommen 2 Tropfen Jasminöl, 1 Tropfen Lotus- und 1 Tropfen Moschus- oder White-Musk-Öl. Nicht mehr. Denn diese Öle riechen sehr intensiv.

Bei der Kreation »**Come to me**« geht es darum, dass Sie irgendetwas anlocken oder anziehen wollen. Sei es nun Liebe, Respekt, Erfolg oder auch so materielle Dinge wie Geld. Sie nehmen, wie bei allen nun folgenden Mischungen, 30 ml Mandel- oder Sonnenblumenöl als Basis und fügen Folgendes dazu: 4 Tropfen Zimtöl, 4 Tropfen Moschusöl,

6 Tropfen Jasmin-, 8 Tropfen Narziss-, 2 Tropfen Rosé-Geranium-, 2 Tropfen Sandelholz- und 6 Tropfen Rosenöl.

Auch die Mischung »**Schnelles Glück**« zielt auf alle Bereiche des menschlichen Lebens ab, sowohl auf die materiellen als auch die spirituellen. Sie ist besonders für all jene geeignet, die es eilig haben mit ihrer Wunscherfüllung, die nicht mehr lange warten wollen oder können. Also: Wieder 30 ml Mandel- oder Sonnenblumenöl als Basis, dazu 2 Tropfen Zimt- und 2 Tropfen Eisenkrautöl. In den Behälter geben Sie noch 5 Senfkörner, die dann ständig darinbleiben sollen und permanent Aromastoffe abgeben. Senfkörner sind überhaupt ganz gute »Glücksmagneten«; man sollte eigentlich immer welche bei sich am Körper tragen.

Wer etwas Negatives loswerden will, eine Krankheit vielleicht oder die Anwesenheit eines bösen Menschen, wer sich verfolgt oder gar verhext fühlt, der benutzt die Mischung »**Exodus**«. Sie kann übrigens auch vorbeugend als Schutzöl angewendet werden. In die 30-ml-Basis aus Mandel- oder Sonnenblumenöl kommen 1 Tropfen Patschuli, 10 Tropfen Myrre- und 2 Tropfen Narzissöl. In die Mischung wird dann, fein gerieben, etwas High-John-Wurzel gegeben.

Bei der »**Exorzismus**«-**Mischung** geht es um das Loswerden von psychotischen oder depressiven Zuständen. Anwendbar allerdings nur in dem Rahmen und mit all den Einschränkungen, wie ich es in Kapitel 4 im Abschnitt über psychische Probleme ausführlich geschildert habe. In die 30-ml-Basis aus Mandel- oder Sonnenblumenöl kommen 15 Gramm Healing-, 2 Tropfen Sandelholz-, 1 Tropfen Bergamotte-, 1 Tropfen Myrre-, 1 Tropfen Olibanum- und 1 Gramm Eisenkrautöl. Geben Sie in die fertige Mischung noch ein paar Myrreblätter und -knospen.

Die Mischung »**Attraction**« eignet sich besonders für Frauen, die ihren Angebeteten betören wollen. Statt Mandel- oder Sonnenblumenöl verwenden wir dieses Mal als Basis 30 ml Aprikosenöl, dazu 2 Tropfen All-Spice-, 2 Tropfen White-Musk-, 1 Tropfen Rosen- und 1 Tropfen Zitrus-, Limetten- oder Apfelsinenöl. In die fertige Mischung legen wir einen kleinen Bernstein, der mindestens 24 Stunden vor der ersten Anwendung darin baden soll, besser länger. Denn Bernstein bringt Wärme in die Mischung.

Bei der Mischung »**Cleopatra**« geht's um Liebe und Erotik. Das Basisöl ist hier schon eine Kombination, und zwar aus 15 ml Mandel- und 15 ml Jasminöl. Dazu 2 Tropfen Bergamotte-, 4 Tropfen Vetivert-, 2 Tropfen White-Musk- und 2 Tropfen Ylang-Ylang-Öl. Dann noch 2 Tropfen eines beliebigen Blumenöls dazugeben, je nach Ihrem persönlichen Geschmack oder dem Ihres Liebsten.

Wer sich ein eigenes **Altaröl** anmischen will, gibt in die 30-ml-Mandelölbasis 5 ml Buddha-, 1 Tropfen Olibanum-, 1 Tropfen Myrre-, 1 Tropfen Lotus- und 1 Tropfen Rosenöl. Wir legen auch hier wieder einen Bernstein in den Behälter, der mindestens 24 Stunden vor der ersten Anwendung daringelegen haben muss.

Auch ein **Öl für Ritualkerzen** lässt sich relativ leicht selbst herstellen: Mandel- oder Sonnenblumenöl als Basis (30 ml), dann 2 Tropfen Jasmin-, 2 Tropfen Lilien-, 5 Tropfen Olibanum- (oder Lotus-) und 5 Tropfen Lavendelöl.

Noch ein paar Tipps für alle Mischungen, ob sie nun nach meinem oder Ihrem ureigensten Rezept angefertigt werden:

Öl darf niemals geschüttelt werden. Also geben Sie Ihre Zutaten nicht in eine Flasche, sondern in eine Tasse oder

Schale. Rühren Sie vorsichtig (!) um und verwenden Sie dazu auf keinen Fall irgendwelche Metall-Gegenstände wie Löffel und Ähnliches. Metall verändert die Schwingungen von Öl. Verwenden Sie also ein Holz- oder Plastikstäbchen. Die fertige Mischung kommt in eine kleine Flasche, die unbedingt vor Tageslicht geschützt werden muss. Also eine braun oder grün getönte Flasche benutzen. Und wenn Sie nur eine weiß-durchsichtige zur Hand haben, dann stellen Sie Ihre Mischung unbedingt ins Dunkle, also in einen geschlossenen Schrank oder in eine Kommode, immer bei Zimmertemperatur. So können Sie Ihre ganz persönliche Ölmischung ein halbes Jahr und länger aufheben. Wenn Öl schlecht und unwirksam geworden ist, dann riecht es ranzig. Sie können also gar keinen Fehler machen, was die Haltbarkeit betrifft. Der ranzige Geruch wird Ihnen sofort auffallen.

6

Magische Rezepturen

Ob es nun um Kräuter, Öle oder auch Ölmischungen geht – schon immer wollten die Menschen mehr als Wohlgerüche oder auch gesundheitlich positive Beeinflussungen damit erreichen. Ich habe ja schon auf einige historisch überlieferte Beispiele hingewiesen.

Magische Rezepturen haben aber auch im Bereich der Küche schon von alters her einen großen Stellenwert. Es ist eben nicht egal, was man isst oder trinkt, es hat alles seine Wirkung. Und die kann man sehr wohl planen und steuern, ob es nun um die Wirkung am eigenen Körper geht oder um die am Körper eines anderen.

Da wird er ganz schön dumm aus der Wäsche geschaut haben, der erste Giftmischer der Menschheit, als sein Feind, dem er ein paar Substanzen ins Getränk oder ins Essen geschmuggelt hatte, tatsächlich tot umgefallen ist. Vielleicht war es ja auch ein Versehen, dass so etwas passiert ist, aus Unwissenheit darüber, wie gewisse Pflanzen und Substanzen wirken. Wie auch immer: Der Vater oder die Mutter aller Giftmischer musste sich für einen Zauberer halten, ganz zwangsläufig.

Schon von jeher suchten die Menschen nach Substanzen, die sie glücklich oder zumindest weniger unglücklich machen können. Die wohl bekannteste dieser Substanzen ist Alkohol. Sogar Tiere verspeisen mit Vorliebe angegorene und damit alkoholhaltige Früchte. Und in den Götterwelten der alten Griechen und Römer gab es – wohl wie im richtigen Leben – oft Ärger um diese magische Substanz. So machte Hera, die Gattin des Zeus, ihrem Mann immer wieder Szenen, wenn er sich wieder mal zu viel des Guten gegönnt hatte.

Wir wissen ja, dass Alkohol in der Götterwelt so eine große Bedeutung hat, dass dafür sogar eine eigene Zuständigkeit geschaffen wurde. Gott Bacchus hatte nichts anderes zu tun, als sich um das Thema Wein und die damit verbundenen Freuden und Leiden zu kümmern.

Alkohol war nie ein reines Nervengift, das ausschließlich aus Freude am Genuss getrunken wurde. Er hatte auch immer magische Bedeutung. Abgesehen davon, dass sich in alten Tagen ja nur die Reichen und Mächtigen diesen Luxus erlauben konnten. Und auch die Priester und Schamanen durften sich einen Schluck und mehr genehmigen. Nicht zur Abwechslung und zur Steigerung der fröhlichen Geselligkeit, sondern in der Absicht, im Rauschzustand Neues und Geheimes aus der Götterwelt zu erfahren. Inwieweit da das eine Motiv schützend und als Ausrede vor das andere gestellt wurde, lässt sich heute nicht mehr herausfinden.

Und wenn sich Seeleute, wie bei Homers Irrfahrten des Odysseus, in Schweine verwandeln, kann dabei durchaus auch ein Nervengift im Spiel gewesen sein, das noch stärkere Wirkung als Alkohol hat, vielleicht Opium. Freilich vorausgesetzt, dass es sich bei der Geschichte von den Schweinen nicht um eine poetische Allegorie handelt.

Ausgerechnet die Katholiken sind es, die die Magie des Alkohols auf die Spitze treiben. Täglich wird in den katholischen Kirchen ein Kelch Wein in das Blut Christi verwandelt. Und ein Stückchen Oblate, hochtrabend »Brot« genannt, in seinen Leib. Dass ich es mehr als pervers finde, wenn die Anhänger einer Religionsgemeinschaft auf Art der Kannibalen das Fleisch und das Blut ihres Gottes zu sich nehmen, darüber habe ich mich schon in meinem letzten Buch ausführlich geäußert.

Bewusstes Essen und Trinken als Tür zur Magie gibt es also schon seit Urzeiten. Eine genaue Quelle kann nicht nachgewiesen werden. Und die vorhandenen Rezepturen sind mehr oder weniger fehlerhaft überliefert, teilweise auch hoffnungslos veraltet. Manche sind gar nicht mehr nachvollziehbar, weil gewisse Pflanzen einfach von unserem Erdboden verschwunden sind oder sich durch Umwelteinflüsse im Lauf der Generationen nachhaltig verändert haben.

Erste Aufzeichnungen gibt es aus dem Bereich der so genannten »bäuerlichen Magie«. Diese Rezepte drehen sich fast ausschließlich darum, wie man sich selbst für einen anvisierten Partner attraktiv machen kann.

Dafür gibt es immer zwei Wege. Entweder man verändert etwas an sich selbst, an seiner Ausstrahlung, an seinem Duft, an seinem Aussehen, oder aber man verändert etwas an dem Objekt seiner Begierde, auf dass es eine andere Sichtweise bekommt.

Oder, grob ausgedrückt, wenn wir uns jetzt mal am Beispiel Alkohol orientieren wollen: Entweder ich mach den anderen betrunken, enthemmter und damit leichtsinniger, zugänglicher oder allgemein etwas »freier« – oder, und das ist der zweite Weg, »ich trinke mir den anderen schön«. Zwei Wege, die schon immer bekannt sind und die auch in der Literatur in allen möglichen und unmöglichen Varianten ihren Ausdruck gefunden haben. Von Magie im eigentlichen Sinne kann man dabei aber nicht sprechen.

In der alten bäuerlichen Magie, die schon vor der Hexenküche mittels Essen und Trinken etwas bewegen wollte, geht es um Zutaten, die weit weniger giftig sind als Alkohol. Um Sellerie zum Beispiel. Sowohl die Knolle als auch die Blätter dieser Pflanze gelten auch heute noch als liebesfördernd und erotisierend. Schlaue Bäuerinnen mischten daher ihrem Mann Sellerie ins Essen; geschickte Mägde gaben sie dem angebeteten Knecht gleich als Ganzes auf den Teller, raffiniert gewürzt und als Delikatesse verkleidet. Ebenso ging man mit Petersilie um; heute baut man in erster Linie auf die Wirksamkeit von Spargel.

Sagen aller Art, heitere wie schrecklich brutale, ranken sich um die Mandragorawurzel, eine regelrechte Liebeswurzel. Allein schon die angebliche Entstehung dieser Pflanze bietet Stoff für Fabeln, Märchen und Spekulationen: Männliche Delinquenten, die am Galgen gehenkt werden, kommen in der letzten Sekunde ihres Lebens noch in den Genuss eines Orgasmus, eines Samenergusses. Das hat mit dem Strangulieren des Zentralnervs zu tun. Das Ejakulat des Gehenkten fällt auf den Boden, Eiweiß und Flüssigkeit fördern das Wachstum der Mandragorawurzel. Hunde müssen sie ausbuddeln, weil von ihnen Gefahr für das menschliche Leben ausgeht. Wer sie einfach selbst mit eigenen Händen ausgräbt, wird der Sage nach in Bälde sterben. Immerhin geht es ja um eine Wurzel, die im Schatten von Galgen und Tod steht. Diese Wurzel, so die Überlieferung, wirkt in jedem Fall als hundertprozentiges Wundermittel in Sachen Erotik.

Auch heute gibt es Mandragorawurzeln. Ich beziehe sie von einem Großhandel in Los Angeles. Natürlich entstehen diese Wurzeln nicht so, wie sie früher angeblich entstanden sind, den Göttern sei Dank. Aber sie sind immer noch in einem hohen Grad wirksam, besonders in Sachen Libido und Erotik.

In Afrika verwendet man zur Stimulierung in der gleichen Angelegenheit ein Gebräu namens Palmenwein. Es handelt sich hierbei allerdings nicht um einen Wein, sondern um Kokosmilch und –nektar. Ich habe es noch nicht probiert, es soll aber sehr wirksam sein.

In Russland und in der Mongolei hat das Hantieren mit Kräutern und Gemüsen eine große Tradition. Und das nicht nur, wenn es um Krankheitsvorbeugung und –behandlung geht. Hier wird manipuliert, getrickst und gehext, was das Zeug hält. Das Anwendungsgebiet Nummer eins, wie fast überall auf der Welt: Liebe und Sex.

Aus eigener Erfahrung kann ich als gut und wirksam die Oriswurzel empfehlen. Sie kommt aus der Kultur der Navajoindianer und ist bei uns getrocknet erhältlich. Wenn man dazu ein bisschen Lotuswurzel mischt (gibt's in Thai-Shops), ist ihre Wirkung doppelt so groß.

Regelrechte Künstler im Umgang mit Tees, Kräutern, Ölen, Wurzeln und Gewürzen sind die Araber. In arabischen Ländern hat der Stand des Kräuterhändlers auf dem Suk (Markt) stets großen Zulauf. Dieser Händler ist eine Mischung aus Biodoktor, Quacksalber, Heilpraktiker und Magier in einem; ihm wird mehr vertraut als einem ordentlichen Mediziner, auch heute noch. Was er weiß, weiß er von seinem Vater. Und der weiß es vom Großvater. So ging das Wissen von Mund zu Mund; Aufzeichnungen gibt es nur sehr wenige. Was wohl damit zusammenhängt, dass in arabischen Ländern der Analphabetismus ziemlich hoch ist.

Die islamische Kultur erlaubte und erlaubt die Vielweiberei. Sex, Potenz, Fruchtbarkeit sind also die zentralen Punkte. Fruchtbarkeit deswegen, weil eine große Kinderschar nicht nur für hohes Ansehen sorgt, sondern gleichzeitig auch eine Art Sozial- und Rentenversicherung darstellt.

Irgendwo zwischen Selbstbeeinflussung, Magie und tatsächlicher Wirkung bewegt sich der allseits bekannte und immer wieder gern an Touristen verkaufte Kräutermix »Rambazamba«. Alles kichert, alles lacht, und der Händler im Suk macht sein Geschäft. »Rambazamba gut für Fickificki und viele Kinder.« Der Glaube versetzt Berge.

Wer aber mit Kräutern, Ölen, Wurzeln, Gemüsen und Getränken tatsächlich magische Erfolge erzielen will, muss einiges mehr an Zusammenhängen wissen und beachten.

Man/Frau ist, was man isst

Bevor wir in das Thema »Magie in der Küche« einsteigen, ein paar grundsätzliche Gedanken zu einem enorm umfangreichen Gebiet. Keine Sorge, ich will mich jetzt nicht auch noch in die unendlich lange Schlange der Ernährungs-, Diät-, Gewichts- und Sonstwasberater einreihen. Aber es gibt Zusammenhänge, die muss man einfach kennen. Frau natürlich auch.

Jede Zelle unseres Körpers, ob im Oberschenkel, im Herzen oder im Gehirn, ist nach sieben Jahren in ihrer ursprünglichen Form nicht mehr vorhanden. Die Zahl Sieben hat nicht umsonst eine mystische Bedeutung. Nach sieben Jahren hat sich jede Zelle unseres Körpers erneuert. Im Abstand von sieben Jahren ist jeder von uns ein neuer Mensch, zumindest organisch gesehen. Neue Menschen orientieren sich neu, auch in der Partnerschaft. Das »verflixte siebte Jahr« ist mehr als ein geflügeltes Wort.

Aus was bestehen wir, aus was bestehen unsere Körperzellen? Die Antwort ist einfach: aus all dem, was wir diesen Zellen als Nahrung zuführen. Denn aus etwas anderem können sie gar nicht zusammengesetzt sein.

Wer viel fettes Schweinefleisch isst, wird also selbst irgendwann mal fett wie ein Schwein sein. Und wer ständig Vitamine zu sich nimmt, hat irgendwann mal selbst die Eigenschaften eines Vitamins, ist energiegeladen und fit. Das ist Allgemeinwissen.

Inzwischen wissen wir, dass es bei der Ernährung so eines unendlich komplexen und komplizierten Wesens wie des menschlichen Körpers auf Ausgewogenheit ankommt. Dabei haben das eben erwähnte Schweinefleisch und die immer wieder heraufbeschworenen Vitamine, Ballaststoffe, Enzyme und Mineralien genauso einen wichtigen Stellenwert wie Fett, Zucker und andere angeblich schädlichen Substanzen.

Es kommt immer auf das richtige Mischungsverhältnis an; und das kann bei manchen von uns erst in jahrelangem Kampf mit sich selbst herausgefunden und praktisch in die Tat umgesetzt werden.

Hier müssten Sie jetzt eigentlich eine Pause in der Lektüre dieses Buches machen und ein schlaues Werk über Ernährungswissenschaft lesen. Aber, bitte schön, was ist »schlau«? Jeden Tag kommen neue Erkenntnisse ans Tageslicht; inzwischen hat man sich sogar wissenschaftlich darauf geeinigt, dass Über- und Untergewicht in den Genen angelegt und damit vererbbar seien. Welch wunderbare Ausrede für alles!

Daher mein Tipp: Lassen Sie sich nicht verrückt machen von spindeldürren Foto-Models, grinsen Sie über muskelbepackte Bodybuilder, suchen Sie Ihren eigenen Weg zwischen den kultur- und zeitbedingten magersüchtigen Schönheiten der Neuzeit und den Rubens-Modellen von einst. Suchen Sie Ihr Wohlfühlgewicht. Und vergessen Sie dann, wenn Sie es gefunden haben, alle anderen Vorgaben, die Ihnen durch Zeitungsartikel, Filmschönheiten und Diätinserate schmackhaft gemacht werden sollen.

Trotzdem gilt: Man ist, was man isst. Wollen Sie die Zellen Ihres neuen Sieben-Jahres-Abschnitts unbedingt mit Fast Food füttern? Oder ausschließlich mit Körnern? Wollen Sie Ihre neue Sieben-Jahres-Episode als Schwein oder als Kräuterstängel beginnen?

Gewichtskontrolle und das Wohlfühlgewicht basieren auf Wissen. Und Wissen ist Macht. Machen Sie dann das Beste aus Ihrer Macht.

Wenn Sie so weit sind, und das ist oft ein langer Weg zwischen Diäten- oder Kalorienmarathon und Selbstzweifeln, können Sie daran denken, Ihr Wissen in Sachen Ernährung auch anzuwenden, um mittels der richtigen Speisen und Getränke magische Praktiken zu versuchen. Wer kein gesundes Körper-Geist-Verhältnis hat, wer seinen Ruhepunkt in dieser Beziehung noch nicht gefunden hat, der braucht an Magie im Zusammenhang mit Ernährung gar nicht erst zu denken.

Die Palette der magischen Möglichkeiten aber ist groß und spannend. Und wir benötigen dazu keinen Zauberstab, keinen Hexenbesen und auch keine Sprüchesammlung. Wir brauchen einen Herd, eine Pfanne, einen Topf – und ein bisschen Hintergrundinformation.

»Zaubern« in der Küche

Schon von alters her bestand der Wunsch, in der Küche zaubern zu können. Nicht nur in dem Sinne, dass in Nullkommanichts sämtliche Speisen auf dem Tisch stehen. Man wollte auch schon immer etwas beeinflussen, und zwar im jeweils individuellen Sinne.

Die klassischen »Zauber«-Wünsche bestanden darin, das oft recht karge Mahl mit Tricks aufzuwerten, also schmackhafter zu machen. Oder von der Menge her zu vervielfachen, zu strecken, mehr aus den wenigen vorhandenen Zutaten zu machen.

Die Möglichkeiten, die sich bei der Aufwertung eines Gerichtes anboten, waren anfangs nur den Reichen und Mächtigen zugänglich. Denn es ging um Gewürze, die von sehr weit her kamen und damit auch kräftig den Geldbeutel belasteten. Das wichtigste und auch heute noch gebräuchlichste Gewürz ist das Salz. Salz ist schon immer von großer Bedeutung. Es birgt nicht nur Geschmack in sich, sondern auch Mineralien und Kristalle, die der Körper braucht.

Das hat man sehr bald eingesehen und sich den Luxus eines gesunden Lebens auch etwas kosten lassen. Salzabbau brachte ganzen Gegenden Reichtum und Wohlstand.

Beim Vervielfältigen der zur Verfügung stehenden Nahrungsmenge – schließlich musste man ja Unmengen hungriger Kindermäuler stopfen – kam man auf die seltsamsten Ideen. Flüssigkeiten wie Suppe, Wein, Tee und andere wurden verwässert, Mehle mit minderwertigeren Mehlen schwerer und umfangreicher gemacht, Ersatzstoffe dem Originalstoff beigemischt. So entstanden oft eigene neue Speisen und Getränke, die sich bis heute gehalten haben und die sehr beliebt sind, denken wir doch nur an den allseits bekannten »Blümchen«-Kaffee.

Wenn die Hausfrau aus Nichts viel macht, wenn sie scheinbar unbedeutende Nahrungsmittel mit Gewürzen und kleinen Tricks aufwertet und zu einem Genuss macht, dann sagt man heute noch, dass sie »in der Küche zaubern« kann.

Wenn wir Hexen allerdings von »Zaubern in der Küche« sprechen, dann meinen wir, mittels Herd und Kochtopf und der richtigen Zutaten etwas erreichen zu wollen, was über Wohlgeschmack und Sättigung hinausgeht.

Altes und neues Wissen um Nahrungsmittel und Gewürze

Ein Grundwissen in Sachen Substanzen und Wirkstoffe in Nahrungsmitteln und Getränke gehört schon dazu, wenn wir in der Küche zaubern wollen. Dabei ist es nicht nötig, deswegen gleich ein Ernährungswissenschaftler zu werden. Außerdem habe ich ja schon auf etliche mögliche Wirkungen von Kräutern und Ölen hingewiesen, die sich nun im Bereich von Getränken, Gewürzen und Lebensmitteln folgerichtig fortsetzen.

Nehmen wir nur das allseits bekannte und beliebte **Bohnenkraut,** das hier zu Lande gern allen Linsen- und Bohnengerichten beigefügt wird, damit es keine Blähungen gibt. Wer sich selbst stimulieren oder einen anderen in eine gewisse Richtung bringen will, der fügt dieses Kraut in geschmacklich unauffälliger Dosierung regelmäßig auch anderen Gerichten bei. Mut und Tatkraft werden steigen, man fühlt sich allgemein wohler in seiner Haut, und man wird im Lauf der Zeit besser mit seiner Sexualität umgehen können. Der gesundheitliche »Neben«-Effekt von Bohnenkraut: Vorbeugung und Heilung bei Gallenbeschwerden und Krankheiten der Geschlechtsorgane.

Geborgenheit, Entspannung, Befreiung von Problemen aller Art verspricht der Genuss von **Honig.** Honig kann man überall da verwenden, wo man etwas süßen will. Honig in Verbindung mit Wasser, manchmal auch mit durch Gärprozesse entstandenem Alkohol, ergibt Met. Ein Getränk, das schon von der Steinzeit her bekannt ist, das als Hausgetränk der alten Germanen gilt und das bei den alten Ägyptern und Babyloniern als Aphrodisiakum verwendet wurde. Und die Afrikaner kauen gern den ganzen Tag auf Bienenwaben herum, auch zu dem Zweck, die Lust an der Liebe und die Potenz zu steigern. Die Inder hatten und haben eine ganz raffinierte Art, Honig zur Anwendung zu bringen. Sie reiben damit, oder auch mit Honigöl oder -salbe, die Geschlechtsteile ihres Erotikpartners ein. Und verschaffen sich so wohl eine der raffiniertesten Süßigkeiten dieser Welt. Das Massageöl wärmt, entspannt, löst

Blockaden und Verspannungen. Die Zusammensetzung des Honigs erzeugt erotische Lust. In meinem Hexenladen verkaufe ich Honig in Form von Honigstaub, sehr gefragt in Verbindung mit Kamasutra-Öl. Machen Sie Ihrem oder Ihrer Liebsten doch mal einen leckeren Nachtisch.

Im Zusammenhang mit **Petersilie** fällt mir als Erstes ein Märchen von Thekla von Gumpert ein: Die beiden Geschwister Peter und Silly streiten sich den ganzen Tag, können nicht friedlich miteinander unter einem Dach leben. Bis es ihrer Mutter zu bunt wird und sie ihnen Petersilie gibt. Ruhe kehrt ein und Harmonie macht sich breit. So weit die Geschichte. Petersilie bietet also außer dem allseits bekannten hohen Anteil an Vitamin C auch noch Ruhe und Entspannung. Auf diesem Umweg der Ruhe und Entspannung wirkt sie auch als Stresslöser bei Blockaden im Sexualbereich, macht alte oder mit Sorgen beladene Pärchen wieder fit, verhilft den Partnern vom Tisch ins Bett. Petersilie ist besonders in der Wurzel wirksam, aber auch das Kraut (für Suppen und Gerichte aller Art) hat Wirkstoffe genug, um seelische Verspannungen zu lösen und den Weg zu einer fröhlichen Erotik frei zu machen.

Vom **Sellerie** sagt man, dass er potenz- und luststeigernd wirkt. Die alten Hexen, die angeblich am Hexensabbat auf einem Besenstiel durch die Lüfte flogen, sollen sich diesen Besen vorher mit Selleriesaft eingerieben haben, um alle möglichen Mannsbilder und auch den Teufel selbst damit willig zu machen. Lassen wir das alte Märchen mal weg, bleibt eine potenz- und luststeigernde Pflanze, die zweifellos ihre Wirkung tut. Ist sie doch stark durchblutungsfördernd. Und zwar nicht nur an den Geschlechtsorganen, sondern im ganzen Unterleib. Das heißt, sie steigert auch die Fruchtbarkeit. Wer sich also Nachwuchs wünscht, sollte auf Sellerie in der Küche auf keinen Fall verzichten.

Um Potenz geht es auch bei **Oregano.** Dieses mediterrane Kraut wird gern bei den heißblütigen Italienern verwendet, als Geruchsspender und als stets präsentes Gewürz in allen möglichen Speisen. Denn es hat auch noch eine andere Wirkung, es sorgt für seelisches Gleichgewicht. Und das können liebeskranke und dramaverliebte Südländer immer gut brauchen.

Reichliche Versorgung mit Vitamin C, Potenzsteigerung, Vorbeugung und Behandlung von Erkältungskrankheiten und Arteriosklerose, allgemeine Blutverdünnung – das sind die biologischen Wohltaten von **Knoblauch.** Also kein Essen ohne Knoblauch. Und auch keine Angst vor der Knoblauchfahne, es sei denn, Sie haben am nächsten Tag einen Zahnarzttermin. Knoblauchgeruch ist bei uns längst selbstverständlich, zumindest in fortschrittlicheren Kreisen. Ich verwende Knoblauch jeden Tag, bei allen Gerichten.

Vor kurzem ist mir eine weitere Eigenschaft des Knoblauch anschaulich gemacht worden. Ich habe eine Klientin, nennen wir sie Frau K., die schon über 80 Jahre alt ist und die ständig damit zu kämpfen hatte, nicht irgendetwas zu vergessen oder zu verlegen. Spezial-Knoblauchpillen aus Amerika, die möglichst naturbelassen sind, halfen ihrem müden Gedächtnis wieder auf die Sprünge.

Südländer legen ganze Knoblauchzehen ein, ob in Öl oder in Schnaps, trinken oder essen jeden Tag ein bisschen davon. Sie halten sich auf diese Weise fit und werden lebendige Zeugen einer magischen Wirkung des Knoblauchs, die bis heute unerforscht ist, die aber durch ihren häufigen Beweis als gesichert gelten kann: Knoblauch versöhnt, lässt alte Streitereien verschwinden. Versuchen Sie es ruhig selbst einmal.

Interessant ist auch, wie Gewürze und Pflanzen gegen lästige Bakterien und Darmpilze schützen können. Knoblauch und **Zwiebel** sind in dieser Hinsicht besonders wirksam, **Nelken, Nelkenpfeffer, Thymian, Zimt, Estragon, Kreuzkümmel** und **Zitronengras** stehen ihnen kaum nach. Wer also viel auf Reisen ist, besonders in Ländern, in denen man in Sachen Hygiene nicht so penibel ist wie bei uns, der kann sich mit solchen Gewürzen vor Montezumas Rache und vor ernsten Krankheiten des Magen-Darm-Bereichs schützen. Das hat jetzt der amerikanische Neurobiologe Paul W. Sherman herausgefunden.

Freuen wir uns für Herrn Sherman und seinen wissenschaftlichen Erfolg. In heißen Ländern wie Afrika, Indien und auch in denen der arabischen Welt werden aber scharfe Speisen schon immer eingesetzt, um Bakterien zu bekämpfen. Hier setzt man auch schon von jeher auf spezielle Mischungen. Denn manche Gewürze oder Kräuter sind für sich allein nicht unbedingt Erfolg versprechend, bewirken aber im Zusammenspiel mit anderen wahre Wunder. Auch und besonders übrigens dann, wenn es nicht nur um Bakterien geht. Nicht umsonst sprechen wir davon, einen Partner mal so richtig »scharf zu machen«.

Wenn Sie selbst mal jemanden so richtig scharf machen wollen, sorgen Sie bitte dafür, dass bestimmte Gewürze beim Kochvorgang ihr Aroma und damit auch ihre Wirkung nicht verlieren. Diese müssen also erst relativ kurz vor dem Servieren beigefügt werden. Als Faustregel gilt: Geht beim Kochen das Aroma weg, ist auch die Wirkung verflogen, die körperliche wie die geistige.

Das gilt auch für Tabletten und andere Darreichungsformen. Knoblauch-, Sellerie-, Thymian- und sonstige Pillen können nur dann ihre Wirkung entfalten, wenn bei deren Herstellung darauf geachtet wurde, dass im Produktionsprozess eine bestimmte Temperatur nicht überschritten wurde. Geben Sie also, wenn Sie auf solche Produkte zurückgreifen möchten, ruhig mehr aus und fallen Sie nicht auf Niedrigpreisangebote herein. Es lohnt sich wirklich nicht.

Wenn Sie neben gesundheitlichen auch noch magische Erfolge erzielen möchten, wenn Sie Ihren Partner oder Angebeteten mit dem Kochlöffel verführen möchten zum Beispiel, dann sollten Sie unbedingt auf möglichst naturbelassene Produkte zurückgreifen. Keine noch so sorgfältig hergestellte Knoblauchpille ersetzt die Originalknolle.

Dazu kommt ein wichtiger Aspekt, den ich schon des Öfteren erwähnt habe und den ich immer wieder betonen werde. Die geistige Auseinandersetzung mit einer Pflanze, ihre Auswahl, ihr Kauf, ihre Zubereitung in der Küche, wird Sie auf Ihr Vorhaben einstimmen und seelisch programmieren. Wer einfach im Vorbeigehen ein paar Pillen ersteht und wie selbstverständlich konsumiert, wird nicht annähernd einen so großen Erfolg haben wie jemand, der sich in allen Zubereitungsphasen intensiv mit dem anvisierten Ziel auseinander setzt.

Wenn Sie für jemand Dritten kochen wollen, und zwar so, dass dieser oder diese Dritte Ihr Vorhaben weder schmeckt, riecht noch erahnen kann, kommen Sie um Naturzutaten ohnehin nicht herum. Denn wenn Sie beim Rendezvous mit einer Pillenschachtel daherkommen und daraus anbieten, dann ist das nicht nur lächerlich und gesellschaftlich unmöglich, sondern auch die sichere Voraussetzung dafür, dass Ihr »Opfer«, und sei es auch noch so verschnupft, »den Braten riecht«.

So, und jetzt binden Sie sich bitte ihre Kochschürze um. Im nächsten Abschnitt gibt es ein paar handfeste Rezepte.

Beispiele und Rezepte

Aus dem vorigen Abschnitt wissen Sie, wie wichtig es ist, auf die beste erreichbare und erhaltbare Frische der Zutaten zu achten. Die bereits erwähnten Kräuter und Gewürze, und das muss jetzt, nachdem Sie mit dem Kochlöffel bei Fuß stehen, noch mal ganz explizit wiederholt werden, verlieren einen großen Teil ihrer Wirkung, auch ihrer magischen, wenn sie über 30 Grad erhitzt werden. Sie tun gut daran, immer nur auf niedriger Flamme zu köcheln anstatt richtig heiß zu kochen.

Die folgenden Rezepte basieren auf Kochanleitungen aus alten tschechischen und amerikanischen Büchern. Je älter ein Kochbuch ist, umso eher kann ich davon ausgehen, dass sich sein Verfasser noch über die Bedeutung von Nähr- und Wirkstoffen gewisser Nahrungsmittel im Klaren war. Das Kochen mit einer bestimmten Absicht, die hinter dem Herd hervorlauert, war in alten Tagen gang und gäbe, hatte zwar bewusst oder auch unbewusst mit alten Hexenkünsten zu tun, wurde aber im Lauf der Zeit entmystifiziert. Ich sehe meine Aufgabe nun darin, gewisse Zusammenhänge wieder klar zu machen und den Mythos aus seinem Dornröschenschlaf zu erwecken.

Körperbewusste Menschen haben schon lange erkannt, dass Essen mehr als bloße Nahrungsaufnahme ist. Sie erforschen täglich ihren aktuellen Zustand und bestimmen danach ihren Speiseplan. Sie sind über die Wirkungen von bestimmten Speisen informiert, greifen auch ganz bewusst heilend und zielgerichtet in ihren Organismus ein. Dass sie das ohne jedes geschichtliche Bewusstsein tun, dass sie all ihre Erkenntnisse für Errungenschaften der neuen Ernährungswissenschaft halten, kann mich nicht sonderlich stören. Wenngleich ich immer ein bisschen lächeln muss, wenn ich die neuesten Neuigkeiten in Sachen Ernährung aus der Zeitung erfahre, Neuigkeiten, die schon seit Jahrhunderten bekannt sind.

Einige der folgenden Rezepte habe ich auch ganz subjektiv abgeändert, zumindest in manchen Punkten. Das hat erstens damit zu tun, dass ich mir dadurch eine höhere Wirksamkeit verspreche und diese auch angetestet habe. Zweitens, Schande über mein Haupt, bin ich eine Naschkatze und daher natürlich ganz versessen auf Sahne als Zutat. Fett als Geschmacksträger und auch als Energiespender ist ja schon lange bewährt, hat natürlich den Nachteil, dass es kalorienreich ist. Wann immer Sahne in meinen Rezepten auftaucht, entscheiden Sie also selbst, ob Sie diese Zutat wollen oder nicht. Die Wirkung des Rezeptes wird nicht darunter leiden.

Außerdem muss ich mich als engagierte Tierschützerin darauf beschränken, vegetarische Rezepte anzubieten. Was Sie hoffentlich nicht stört.

Wann immer ich also Gemüsebrühe oder einen Würfel aus Gemüsebrühenkonzentrat empfehle, können Sie natürlich auch einen Brühwürfel aus Fleischbrühe verwenden, wenn's sein muss. Überhaupt dürfen Sie gerne selbst experimentell tätig werden. Wie welche Kräuter und Gewürze wirken, wissen Sie ja aus dem vorigen Abschnitt. Also setzen Sie Ihr Wissen ein. Das Wichtigste ist, dass Sie den Mut entwickeln, eingefahrene Trampelpfade zu verlassen. Es gibt viel mehr Essbares auf Mutter Erde, als Sie wissen. Einfach probieren.

Als Einsteiger in die magische Kochkunst aber tun Sie gut daran, sich erst mal an meine Beispiele und Rezepte zu halten. Und wenn es nur zur Übung ist.

Nehmen wir an, Sie haben jemanden zum Essen eingeladen und wollen, womit wir wieder beim Thema Nummer eins sind, Ihren Gast verführen, regelrecht ins Bett kochen. Als **Verführungsdinner Nr. 1** empfehle ich einen *Salat à la Madame Recamière*. Salat deshalb, weil er sehr beliebt ist und auch den Körper nicht allzu sehr belastet. Sie wollen ja noch Kraft haben für andere Dinge. Hier die Zutaten:

3 Hand voll junge Wildkräuter wie Brunnenkresse,
Sauerampfer, Bachbunge und gelber Löwenzahn
eine Hand voll Veilchenblüten
eine Hand voll Gänseblümchen
eine Hand voll Feldsalat
2 Knoblauchzehen
etwas wilder Schnittlauch

Alles gut unter kaltem Wasser waschen.

Und nun das Dressing. Dazu brauchen wir Folgendes:
1 Esslöffel Sherryessig
2 Esslöffel Himbeeressig
2 Esslöffel Wasser
1 Esslöffel Olivenöl
1 Esslöffel Walnussöl

6 Esslöffel Pflanzenöl nach Geschmack
dazu, je nach Geschmack, Salz und weißen Pfeffer,
außerdem eine Prise Zucker

Das Dressing schlagen, bis es sämig wird und sich alle Zutaten verbunden haben, dann über den Salat geben. Darauf ganz fein gerieben eine Lotus- oder Oriswurzel. Zur Krönung und zur Dekoration die Blüten darüber streuen.

Schön, dass Sie nachfragen. Jawohl, Veilchen, Gänseblümchen und Löwenzahn sind essbar. Und darüber hinaus auch sehr wohlschmeckend. Auf die richtige Dosis kommt es an.

Auch unser **Verführungsdinner Nr. 2** ist ein Salat, allerdings etwas sättigender gemacht mit Nudeln. Es ist ein *Rucola-Nudel-Salat*. Rucola, auch Rauke oder Salatrauke genannt, kann man mit etwas Geschick auch selbst ziehen; sie enthält sehr viele Kraftmacher, Vitamine und Mineralstoffe jeder Art.

Die Zutaten für zwei Personen:
150 Gramm Rucola
2–4 Tomaten
Zwiebel und Knoblauch nach Geschmack
150 Gramm Nudeln (Bandnudeln oder Fettuccine,
auf jeden Fall dickere Nudeln, also keine Spaghetti)
50 Gramm Mozzarella oder Scarmosa
(geräucherter Mozzarella)
1 Teelöffel geröstete Pinienkerne
1 Hand voll Rosenblätter
2 Esslöffel Olivenöl
Salz und Pfeffer nach Geschmack

Die Zubereitung ist ganz einfach: Die Rucola putzen und schneiden, die Tomaten blanchieren, entkernen und in kleine Würfel schneiden, ebenso die Zwiebel und den Knoblauch. Zwiebel und Knoblauch werden im Olivenöl vorsichtig angedünstet, dann kommen der Salat und die Tomaten dazu. Die Nudeln haben Sie vorher al dente gekocht, also so, dass sie noch Biss haben, und die mischen Sie nun zusammen mit dem zerkleinerten Käse, den Pinienkernen und den Rosenblättern zusammen, schwenken alles kurz durch und servieren so schnell wie möglich.

Natürlich hört sich das jetzt gar nicht so spektakulär an wie vermutet. Aber die Verbindung aus Rucola- und Rosensaft setzt ungeahnte Sehnsüchte frei. Lassen Sie sich ruhig überzeugen.

Da das Thema Verführung, Sex und Liebe anscheinend das Wichtigste auf der Welt ist – zumindest werde ich im Laufe meiner Praxis mit keinem anderen Thema derart häufig konfrontiert –, möchte ich hier ein bisschen weiter ausholen. Es gibt nämlich eine ganze Reihe der Liebe und dem Sex zuträgliche Früchte, Kräuter und Gewürze, auch Gemüse, die Sie ganz normal im Supermarkt erstehen können. Besser natürlich auf einem biologischen Bauernmarkt, allein schon der Frische und damit auch der Wirksamkeit wegen. Verwenden Sie diese Gemüse, Kräuter und Gewürze genauso, wie Sie es gewohnt sind, oder holen Sie sich ein Rezept aus Großmutters Kochbuch. Achten Sie nur darauf, dass Sie stets eher köcheln anstatt zu kochen. Dass Sie Ihr herkömmliches Rezept im Sinne Ihres Anliegens und der damit beabsichtigten Wirkung vorsichtig nach allen Seiten hin modifizieren dürfen, wissen Sie ja.

Nun zur Vorstellung der sexuell stimulierenden Kräuter,

Gewürze und Gemüse, die fast überall zu haben sind, je nach Saison. Aus Frankreich wird uns überliefert, dass besonders die **Artischocke** zum Helfer bei der Kunst der Verführung wird. Die Franzosen sind der Meinung, dass die Artischocke den Genitalbereich erhitzt, was allerdings bislang noch nicht nachgewiesen werden konnte. Aber allein ihr Aussehen kann schon stimulierend wirken; außerdem schmeckt sie sehr lecker. Bei **Chili** aber ist alles klar, ebenso wie bei **Sellerie** und **Spargel**. Sowohl der geschrotete Chili als auch der zu Pulver gestoßene macht »heiß«; Sellerie und Spargel beeinflussen unsere Körpersäfte auf eindeutige Weise. Wobei beim Spargel natürlich wieder das Äußere, die Phallusform, bei der Einstimmung auf erotische Abenteuer mithilft. **Damiana** ist ein hier zu Lande noch nicht so bekanntes Kraut, das aber in Kalifornien als Liebeskraut entdeckt und nun in großen Mengen angebaut wird. Es hat einen etwas gewöhnungsbedürftigen Beigeschmack, muss daher vorsichtig dosiert werden. In unseren Breiten ist es in Apotheken erhältlich, die auch Naturheilmittel führen. Wundern Sie sich nicht, wenn die Apothekerin oder der Apotheker sich nur mühsam ein fröhliches Grinsen verkneift, wenn Sie nach Damiana fragen. Es wird nämlich immer nur im Hinblick auf »das Eine« gekauft.

Erdbeeren dagegen sind absolut unverdächtig. Ihr hoher Fruchtzuckergehalt und ihre niedliche Herzform machen sie dennoch zum schmückenden Beiwerk für jedes süße Verführungsdinner. Bei **Fisch** aber dürfen wir über den Dekorations- oder Vorspeisenzweck weit hinausgehen und herzhaft zugreifen (ich nicht, weil ich Tierschützerin bin), denn er ist erstens leicht, macht also nicht pappsatt und enthält zweitens viel Eiweiß und Phosphor, zwei Substanzen, die sich sowohl auf das Gehirn als auch auf die männliche Potenz positiv auswirken. In Ländern, in denen traditionell viel Fisch gegessen wird, sind die Männer bis ins hohe Alter sexuell aktiv. Was man ohne Weiteres auch aus Ländern wie Japan und China berichten kann, in denen es zusätzlich noch den **Ginko** gibt. Das ist ein Baum aus prähistorischer Vergangenheit, der sich wie durch ein Wunder bis heute erhalten hat. Die Samen dieses Baumes – sie sind ebenfalls in Apotheken mit Naturheilmittelabteilung erhältlich – fördern die Manneskraft. Ein aus den Blättern gewonnenes Konzentrat wird in der westlichen Medizin bei Kreislaufproblemen eingesetzt.

Aus Südasien kommt der **Ingwer,** und wir kennen seinen typischen Geschmack vom Besuch der Chinarestaurants. Mediziner, die sich mit Ayurveda befassen, verwenden ihn als Universalheilmittel. Zu Risiken und Nebenwirkungen ist aber bekannt, dass er sowohl beim Mann als auch bei der Frau scharfe und warme Gedanken entfacht. Was mit dem Geschmack zu tun hat und natürlich auch mit seiner durchblutenden Wirkung. Verwenden Sie Ingwer am besten bei asiatischen Gerichten, weil sonst der typische Geschmack für unsereins irgendwie deplatziert scheint. Ausnahmen bestätigen die Regel.

Was auch für den bereits erwähnten **Knoblauch** gilt. Für den einen gehört Knoblauch an so gut wie jedes Gericht, für den anderen ist er ein Abschreckungsmittel. Die fast schon hysterisch geäußerte Frage »Ist da etwa Knoblauch dran?« kann ich nicht nachempfinden. Denn Knoblauch schmeckt nicht nur gut, sondern er rundet auch jede Geschmackskomposition ab, sorgt außerdem für eine bessere Durchblutung und damit für sexuelle Stimulation. In der ayurvedischen Medizin wird er immer dann verwendet, wenn es um Entgiftung, langsamere Zellteilung (Verjüngung) und allgemeine Vitalität geht. Die mehr oder minder aufdringliche »Knoblauchfahne« nehme ich gern in Kauf, da die Vorteile beim Genuss dieser Knolle eindeutig überwiegen. In Reformhäusern und mittlerweile auch in Drogeriemärkten werden schon seit vielen Jahren Knoblauchpillen angeboten. Sie sind besser als nichts, bleiben aber in ihrer Wirkung weit hinter den naturbelassenen Knollen zurück. Das Gerücht, dass man nach Einnahme dieser Pillen keine Knoblauchfahne hat, ist allerdings purer Unsinn. Knoblauch riecht nun mal. Wenn Sie mich fragen: Er duftet. Dass wir in Deutschland erst mit der Einwanderung von Italienern, Spaniern und vor allem Türken mit dem Geruch von Knoblauch bekannt gemacht worden sind, dass also dieser Geruch ausschließlich mit den Menschen aus fremden (und gesünderen!) Ländern in Verbindung gebracht wurde und dass bei uns leider vielerorts ein latenter Fremdenhass vorhanden ist, all das mag zur unvernünftigen Ablehnung von Knoblauch geführt haben. Das Thema ist mittlerweile in vielen Kreisen abgehakt, den Göttern sei Dank.

Die getrockneten Blütenknospen von Gewürzen **Nelke** und **Muskat** eignen sich vorzüglich als Gewürze, mit denen man das Liebesdinner und dessen Wirkung verstärken kann. Besonders die Nelke. Denn sie enthält das ätherische Öl Eugenol, und dieses Öl wirkt beim Mann als Mittel gegen Impotenz, bei der Frau empfängnisfördernd. Ähnlich verhält es sich mit der **Orange,** die außerdem, nachdem sie ja bekanntermaßen eine regelrechte Vitaminbombe ist, für Energie und Unternehmungslust sorgt. Ein Fruchtsalat mit viel Orangen als Dessert nach dem Liebesdinner ist wie das berühmte und oft zitierte Tüpfelchen auf dem i.

Bereits im Mittelalter hantierte man, wenn man oder frau verführerische Absichten hatte, mit **Petersilie,** und zwar mit den Blättern, aber vor allem auch mit der Wurzel. Es geht die Sage, dass dieser Extrakt ein wesentlicher Bestandteil in allen Hexensalben war, was aus alten Rezepten nicht so ohne weiteres nachzuprüfen ist. Petersilie soll vor allem in den »Flugsalben« der Hexen vorgekommen sein. Also in Salben, die verwendet worden sind, wenn die Hexen auf ihrem Besen erotischen Abenteuern entgegenflogen. Welche Hexe nachweislich wann und wie geflogen ist, auf einem Besen noch dazu, darüber hätte ich gern mal detaillierte Auskunft. Das Wort »fliegen« ist in solchen Fällen wohl eher symbolisch zu verstehen.

Der klassische **Rettich** ist bei den Chinesen schon seit der Antike als Aphrodisiakum bekannt. Natürlich spielt auch die Phallusform eine Rolle, was aber nichts daran ändert, dass allein schon von den Wirkstoffen her die Rettichwurzel eindeutig sexfördernde Wirkungen hat. Die Blätter übrigens auch, aber in deutlich geringerem Maße.

Bei **Zimt,** der bei uns vor allem als Gewürz für Süßspeisen und asiatische Gerichte verwendet wird, geht es eindeutig um den warmen und emotional angenehmen Duft, den er verbreitet. Um eine erotisierende Wirkung zu erzielen, müssten Sie sehr viel dieses Pulvers verwenden, was den Gesamtgeschmack nicht unbedingt fördert. Es ist daher sinnvoll, in diesem Fall auf Öl zurückzugreifen.

Die **Kurkuma (Gelbwurz)** gehört auf den ersten Blick weniger zu den Liebes- als zu den Heilgewürzen. Sie wirkt nämlich antibiotisch, hemmt Entzündungen und beugt der

Cholesterinablagerung vor. Dass sie darüber hinaus auch anregende Wirkungen in Sachen Sex entfacht, ist bislang nur in Asien bekannt. Kein Grund, das nicht auch einmal bei uns anzutesten.

So weit die ergänzenden Informationen zu meinen Verführungsdinners. Das A und O des Ganzen ist und bleibt die richtige Dosierung, die sich irgendwo zwischen geschmacklichen Gewohnheiten und Wirksamkeit einpendeln muss; alles andere ist Unsinn.

Das werden Sie auch bei meinem **Harmoniedinner** feststellen. Nehmen wir an, Sie hatten mit wem auch immer einen Streit, dann kann das richtige Essen Wunder wirken. Ich empfehle eine *Gänseblümchensuppe:*

60 Gramm Butter
2 Esslöffel Mehl
1 Würfel Gemüsebrühe für eine Suppenbasis
1 halber Liter Sahne
1 Hand voll Gänseblümchen
1 Muskatnuss

Die Butter erhitzen, das Mehl darin schwitzen lassen, die klare Suppe aus dem Gemüsebrühwürfel dazugeben, mit Wasser aufköcheln, je nach dem, wie dick- oder dünnflüssig die Suppe sein soll. Die Blüten trennen Sie von den Stielen. Die Stiele werden fein gehackt und der Suppe beigegeben, die Blüten kurz vor dem Servieren obenauf gelegt. Mit Pfeffer und Salz abschmecken. Die Koch- oder besser die Köchelzeit hängt davon ab, wie lange es dauert, bis sich die Zutaten alle schön verbunden haben. Mit einer halben Stunde dürften Sie hinkommen.

Sehr harmoniefördernd ist auch *Veilchenmarmelade:*
250 Gramm Veilchenblüten und –blätter
750 Gramm Zucker
250 Gramm Apfelmus

Die Blüten und Blätter ganz vorsichtig waschen und wieder trocknen, in einem Mörser zerkleinern, mit dem Zucker zusammen vorsichtig und unter ständigem Umrühren 7 bis 12 Minuten köcheln. Dann das Apfelmus dazugeben, noch mal kurz köcheln lassen. Jetzt sofort in Gläser abfüllen und kalt stellen.

Veilchenmarmelade kann sehr gut zu Pfannenkuchen gegessen werden, natürlich auch klassisch auf Brot. Der Erfolg bleibt der Gleiche. Schon allein der Duft der Veilchen zaubert Harmonie und Frieden herbei.

Wer unter Stress steht und einfach nicht abschalten kann, wen die Probleme auch in der Freizeit ständig gepackt halten, der braucht dringend eine **Entspannungsleckerei,** zum Beispiel ein *Lavendeleis:*
1 Esslöffel frische Lavendelblüten
2 Esslöffel Muskatwein
250 Gramm Mascarpone
250 Gramm Sauerrahm
100 Gramm Ahornsirup
7 Tropfen Lavendelessenz (gibt es in jeder Apotheke)
2 Tropfen Vanilleessenz
2 Eiweiß

Die Blüten in den Wein einlegen, an einem wohl temperierten Ort mindestens 30 Minuten ziehen lassen. Mit dem Mascarpone und dem Rum zu einer Creme schlagen, den

Wein mit den Blüten ganz vorsichtig unterheben. Die Hälfte des Sirups dazugeben, dann mit Eiweiß zu einer festen Masse schlagen. Nun wird der Rest des Sirups eingerührt, alles bestens vermischt und sofort ins Gefrierfach gestellt. Den Zeitpunkt abpassen, dass das Eis nicht zum harten Klotz wird, sondern immer noch ein bisschen wie Halbgefrorenes bleibt. Beim Servieren noch mal ein paar frische Blüten draufstreuen.

Außerdem sehr entspannend: eine *Pilzpfanne.* Wobei wir natürlich beim Thema Pilze vorsichtig sein müssen. Es sollten in diesem Fall nicht unbedingt frisch gepflückte Pilze aus dem Wald sein – obwohl ich ansonsten immer zu den allerfrischesten Zutaten rate –, denn bei Pilzen haben wir immer noch unter den Nachwirkungen des schrecklichen Atomkraftwerk-Desasters von Tschernobyl zu leiden. Frische Waldpilze sind für lange Zeit noch in unterschiedlich hohem Maße radioaktiv kontaminiert. Wir müssen uns einfach damit abfinden, dass weder wir noch unsere Enkel jemals wieder ohne präzise Messungen Waldpilze essen sollten. Viele Zeitgenossen meinen, dass man ein paar Mal im Jahr dieses kleine bisschen Pilzluxus unbeschadet verkraften könne, selbst wenn es »ein bisschen« kontaminiert sein sollte. Es gibt schlaue Rechnungen in Sachen Wildfleisch und Waldpilze, die uns vorgaukeln, im Rahmen gewisser Grenzwerte könne man seinem Körper keinen Schaden anrichten. Die höchst sensiblen Körpermoleküle reagieren aber sehr unterschiedlich auf diese Grenz- und Toleranzwerte. Vielleicht sind gerade die zusätzlichen Belastungen des Pilzgerichts dasjenige, was die in jedem Körper vorhandenen Krebszellen zu wuchern beginnen lässt. Und dann? War's das wert?

Pilzgerichte sind dennoch sehr interessant, wenn es um Entspannung geht. Pilze sind sehr schmackhaft, erinnern außerdem vom Biss her ein wenig an Fleisch, ohne dass dabei Tiere sterben müssen und ohne dass das Produkt den Magen und den gesamten Organismus ähnlich extrem belastet wie Fleisch. Statt frischer Waldpilze verwenden Sie aus den oben genannten Gründen also lieber Pilze aus überdachten Gewächshäusern; sie bekommen sie in vielen Gärtnereien, meistens sogar im Supermarkt. Sie sind nicht ganz so schmackhaft wie frische Waldpilze, aber besser als Pilze aus der Dose.

Nun aber endlich zu unserer *Entspannungs-Pilzpfanne:*
Sie benötigen dazu:
200 Gramm Champignons/Pfifferlinge/Steinpilze,
je nach Angebot und Geschmack
100 Gramm Lauchzwiebeln
100 Gramm Erbsen
100 Gramm Tomaten
etwas Butter, Salz und Pfeffer, Knoblauch,
saure Sahne und Petersilie
Olivenöl
7 Tropfen Lavendelessenz
3 Tropfen Vanilleessenz

Sie schneiden die Zwiebeln, den Knoblauch, die Tomaten und die Pilze klein, braten alles zusammen kurz im Olivenöl an. Die zuvor gekochten Erbsen dazugeben, das alles ablöschen und ungefähr fünf Minuten garen. Die Lavendel- und die Vanilleessenz muss genau dosiert sein, und das aus zwei Gründen: Beide Essenzen reizen die Geschmacksnerven sehr, treten sehr in den Vordergrund und stören dabei eventuell den »typischen« Geschmack eines Pilzgerichtes. Zum Schluss die Sahne und die Petersilie dazu geben, beides verbreitet Wohlgeschmack und im Zusammenhang mit Lavendel und Vanille eine entspannende Wirkung.

Wer seinen Gast innerhalb der erlaubten Grenzen manipulieren will, zu irgendetwas bewegen, was er nicht so ohne weiteres zu geben bereit ist, sei es ein Job, Geld oder eine Zusage jedweder Art, der übt sich im Rahmen des folgenden **Manipulationsdinners** an einem schmackhaften *Sommersalat*. Salat deshalb, weil er sehr beliebt ist und auch nicht allzu sehr belastet, weil er außerdem Energie und Vitamine spendet. Richtig zubereitet verspricht dieser Sommersalat noch mehr Erfolg:

400 Gramm Paprika, alle Farben, besonders gelb
200 Gramm Äpfel
1 Sellerie
4 mittelgroße reife Tomaten
2 mittelgroße Zwiebeln
2 Knoblauchzehen
150 Gramm Emmentaler Käse
2 Eier
4 bis 5 Esslöffel Olivenöl
2 Esslöffel Essig (nach Geschmack)
ein paar Blätter frischer Basilikum (nach Geschmack)
ebenso frisch dazu: Kerbel, Dill, Sauerampfer, Estragon,
Löwenzahn, Rosmarin und eine Prise Koreander

Alle Zutaten ziemlich klein schneiden, in das Dressing aus Essig und Öl geben, die gehackten Kräuter dazugeben, ebenso die beiden Eier, die sie vorher hart gekocht und klein gehackt haben. Mit Salz und weißem Pfeffer abschmecken. Dazu Weißbrot reichen.

Manipulieren können wir auch mit einer *Gemüsepfanne,* in der wir Hirse verwenden. Hirse, schon seit langem verdrängt von Beilagen wie Reis, Nudeln oder Kartoffeln, war lange Zeit in unseren Breiten das Getreide Nummer eins. Es kommt daher immer wieder in Hexenrezepten vor, wobei jede Begründung dafür fehlt. Ich will jetzt einfach mal meinen Schwestern aus vergangenen Tagen glauben, dass es etwas ganz Bestimmtes mit der Hirse auf sich hat.

Für unsere *Hirse-Gemüse-Pfanne* brauchen wir Folgendes:

40 Gramm Hirse
125 Gramm Kohlrabi
200 Gramm Zucchini
100 Gramm Karotten
Olivenöl, Salz, Pfeffer, Petersilie (Menge je nach Geschmack)
ungefähr 20 bis 30 Gramm Käse (Gouda oder Edamer)
frischen Löwenzahn (ca. eine Hand voll, nur die Blätter)
Rosmarin

Im Salzwasser braucht die Hirse ungefähr 20 bis 30 Minuten, bis sie gar ist. Das Wasser wird abgegossen und aufgehoben. Sie lassen es in einer Schüssel, bis Sie es wieder brauchen. Das gesamte Gemüse, inklusive der Löwenzahnblätter, wird klein geschnitten, gewaschen und im heißen Öl kurz gedünstet, höchstens fünf bis acht Minuten. Sie löschen es ab mit dem Salzwasser, dem Sie zuvor einen Gemüsebrühwürfel beigefügt und ihn darin aufgelöst haben. Kurz vor dem Servieren die gehackte Petersilie und den in kleine Streifen oder Stückchen geschnittenen Käse darübergeben.

Wer sich auf ein Ziel konzentrieren muss, vielleicht eine Prüfung oder ein Bewerbungsgespräch, der braucht einerseits die nötige Gelassenheit, andererseits aber auch seine vollständige geistige Präsenz. Für unser **Konzentrationsdinner** empfehle ich daher eine *Kürbissuppe*. Sie bietet beide Aspekte, die in solchen Situationen erforderlich sind:

350 Gramm gelbes Kürbisfleisch
80 Gramm Distelöl
4 Schalotten (fein gehackt)
50 Gramm Mehl
1 bis 2 Würfel Gemüsebrühe
1 halber Liter Sahne
1 Hand voll geschälter Kürbiskerne

Die Schalotten im Öl vorsichtig ausschwitzen lassen, das Mehl dazurühren, Brühe dazumischen, den fein gehackten Kürbis dazugeben und ca. 30 Minuten köcheln lassen. Nun das Ganze pürieren, mit der Sahne verfeinern. Mit Salz, Pfeffer und einer Spur Essig abschmecken. Noch mal kurz erhitzen. Beim Servieren in Butter angeröstete Kürbiskerne darüberstreuen.

Harmonie, Entspannung und auch ein bisschen Verführung, je nach dem, was das Leben an diesem bewussten Abend hergeben mag, erreichen Sie durch ein bekanntes und beliebtes Gericht, das aus Italien zu uns gekommen und zur Zeit sehr »in« ist. Das soll uns aber nicht davon abhalten, dieses Gericht, schon auf Grund seiner Schmackhaftigkeit und seines Vitamingehaltes, immer wieder mal gern zu kredenzen. Besonders im Sommer, wenn es richtig reife Tomaten gibt, am besten solche, die Sie in Ihrem Garten selbst gezogen haben. Dieser **Wohlfühlsnack** lässt den Handlungsspielraum in alle Richtungen offen, ist durch seine Vertrautheit außerdem mehr als unauffällig. Den bekannten *Tomaten-Mozzarella-Teller* dürfen Sie in jeder gewünschten magischen Richtung variieren. Sie müssen nur darauf achten, dass der bislang vertraute Geschmack erhalten bleibt. Was eigentlich gar nicht so schwierig ist, denn Sie haben einen Verbündeten, das Basilikum. Basilikum wird durch seinen typischen Geschmack stets dafür sorgen, dass das Gericht identifizierbar und typisch bleibt. Außerdem hat Basilikum von Haus aus leicht verführerische Tendenzen und wirkt gesund auf unsere inneren Organe. Aber nun zum Rezept:

250 Gramm Tomaten
125 Gramm Mozzarella
250 Gramm Salatgurke
frisches Basilikum nach Geschmack
1 Teelöffel natives Olivenöl
Salz und Pfeffer nach Belieben

So weit eigentlich alles wie gehabt und vertraut. Wenn Sie jetzt noch sehr dezent das Ganze mit Rosenöl bereichern (ins Olivenöl mischen), dann wird ein Verführungsmahl daraus. Wenn Sie aber mehr nach Harmonie streben, nach der längst fälligen Versöhnung nach einem sinnlosen Streit, dann verwenden Sie, wieder äußerst dezent, Muskatnuss, die Sie ebenfalls ins Olivenöl mischen. Hier müssen Sie besonders vorsichtig sein, denn Muskat hat einen durchdringenden und bekannten Geschmack. Und wer seinen Tomaten-Mozzarella-Teller zum Manipulationsmenü werden lassen möchte, der mischt Dill, Kerbel und Sauerampfer ins Öl. Immer in der Menge, dass der Geschmack des Basilikums nicht überlagert wird. Alles andere hat keinen Sinn und fällt außerdem auf. »Wieso schmecken heute die Basilikumtomaten so komisch, Liebling?« Wenn Sie diese Frage hören, dann wissen Sie, dass Sie, zumindest im Hinblick auf die richtige Dosierung der Kräuter, etwas falsch gemacht haben.

Das **Gesundheitsessen** an sich, und in diesem Punkt muss ich jetzt vielleicht so manche Hoffnung zunichte machen, gibt es bis heute nicht. Natürlich gibt es Gerichte, die vor Vitaminen, Enzymen, Ballaststoffen und positiven Energien nur so strotzen. Doch weder das alte noch das neue Hexenwissen, übrigens auch weder die alte noch die neue Schulmedizin, können immer richtig beurteilen, wann und für wen welches Essen gesund oder krank machend sein kann. Die Faktoren, die im Punkt Gesundheit zusammenkommen, sind zu mannigfaltig, als dass man generell ein Patentrezept daraus machen könnte. Wir müssen ja heutzutage schon froh und dankbar sein, wenn uns das Essen nicht krank macht. Die inzwischen bekannten chemischen Auswirkungen, die Gefahren der Genmanipulation, auch die Umwelteinflüsse, sind derartig gravierend, dass jeder, der sich mit diesem Thema auch nur ein bisschen beschäftigt, schon nach kurzer Zeit die Hände über dem Kopf zusammenschlagen muss: »Was darf ich denn überhaupt noch essen?«

Daher mein Vorschlag: erst mal kein Gesundheitsdinner erfinden, sondern lieber einen Gesundheitsdrink. Und zwar immer nur den einen ganz bewussten, nicht den großen universalen. Einen Gesundheitstee, der aus einer einzigen Pflanze kommt, der aber vielleicht – und das ohne die Kombination mit anderen Wirkstoffen – schon genug bewirken kann.

Aus Südafrika kommt der *Rooibos-Tee* (sprich: Roibosch, auf Deutsch: Rotbusch). Er ist momentan mal wieder ein bisschen modern, gerade in Esoterikkreisen, und das nicht zu Unrecht. Rooibos hat in Südafrika eine lange Tradition, wird von den dortigen Hexen schon seit Generationen verwendet. Er hilft gegen jede Art von Magenverstimmung, beruhigt, und gegen Koliken bei Kleinkindern ist er geradezu genial. Und was besonders in unserer Zivilisation interessant ist: Er lindert nachgewiesenermaßen Allergiesymptome bei Heuschnupfen und Asthma. Kann bei Hautausschlägen und Ekzemen einfach auch äußerlich aufgetragen werden. Darüber hinaus hilft er stillenden Müttern bei der Milch- und Blutbildung, wirkt vorbeugend und heilend bei Akne. Das alles aber nur, wenn sichergestellt ist, dass die Teepackung, die Sie in Händen halten, aus garantiert biologischem Anbau stammt. Der Trend zum Rooibos lässt seltsame Pflänzchen gleichen Namens sprießen und in unsere Verkaufsregale gelangen.

1 schwach gehäufter Teelöffel auf 1 Tasse kochendes Wasser, höchstens drei Minuten lang ziehen lassen, mit Zucker oder besser Honig süßen. Das ist das ganze Rezept.

Bei Rooisbos gilt im Gegensatz zu anderen Tees: Wenn er länger zieht, verändert er sich in Geschmack und Farbe, wird aber nicht wirksamer. Drei Minuten sind also genug.

Im Bereich der Gesundheit bewegen wir uns immer in einer Grauzone zwischen Naturheilkunde, Schulmedizin und Magie. Dass meine afrikanischen Hexenschwestern die heilenden Wirkungen des Rooibos schon seit langer Zeit zu ihrem Standardwissen zählen, ist für mich Anlass genug, diesen Tee zu empfehlen. Schließlich habe ich über lange Jahre in Afrika gelernt. Dass die enorme Wirkung von Rooibos auf unser zentrales Nervensystem nun endlich auch wissenschaftlich anerkannt ist, dass Rooibos inzwischen so etwas wie eine Modedroge geworden ist, darf mich nicht daran hindern, ihn in der Liste der Heilbringer explizit zu erwähnen.

Weitere Heilbringer in Sachen Gesundheit kann und will ich im Zusammenhang mit magischen Rezepten nicht vorstellen. Es gibt kein ultimatives Kraut gegen Aids oder gegen Krebs, höchstens heilungsunterstützende und –begleitende. Es gibt auch – zumindest weiß ich nichts davon – keine Garantien dafür, dass die aus dem Mittelalter stammenden Kräuterrezepte in jedem Fall wirksamer sind als die neuen Produkte der Pharmakonzerne. Was ich aber weiß: Durch unsere Rezepte aus der Hexenküche verschaffen Sie sich, bei welchem Anliegen auch immer, einen zusätzlichen Wissens- und Wirkungsvorsprung. Nicht weil ich das in einer vielleicht schwärmerisch konservativen Nostalgie gerne so hätte, sondern weil es sich im Lauf der letzten beiden Jahrzehnte immer mehr bewiesen hat. Darum weiter im eigentlichen Text:

Wer einen besonders anstrengenden Tag vor sich hat, vielleicht im Hinblick auf zu erwartenden beruflichen oder auch familiären Stress, der hat sich schon im Vorfeld ein **Energiefrühstück** verdient. Ein Frühstück, das wir außerdem noch mit der Kraft der Magie aufladen können:

150 Gramm Magerquark
100 Gramm Grapefruitfleisch, zerkleinert
1 Esslöffel Zucker
frisch gepresster Orangensaft nach Geschmack

Alles gut vermischen und ein bisschen ziehen lassen, bevor Sie es selbst essen oder einem Dritten servieren. Nichts Besonderes? Nur eine Vitamin-C-Bombe wie aus einer x-beliebigen Frauenzeitschrift unter der Überschrift Frühjahrsdiät? Stimmt. Vitamin C ist aber ein sehr guter Transporter für Öle und Kräuter jeder Art, kann in dieser Richtung wahre Wunder bewirken. Mischen Sie also Walnussöl in das Frühstück, und machen Sie sich schon morgens auf eine heiße Sexnacht gefasst. Soll es um berufliche oder persönliche Erfolge gehen, tut es Zimt. Wobei Sie, wenn Sie bei Ihrem Treiben unentdeckt bleiben wollen, bedenken müssen, dass Zimt einen sehr typischen Geschmack hat. Also Vorsicht bei der Dosierung.

Sie dürfen prinzipiell jedes Rezept, aus welchem Kochbuch auch immer, in die für Sie genehme Richtung lenken, indem Sie ihm gewisse Kräuter oder Öle beimischen. Sie wissen ja jetzt, welches Kraut und welches Öl für welche beabsichtigte magische Wirkung zuständig ist, also tun Sie sich keinen Zwang an. Schnippeln, kochen und probieren Sie. Wenn Sie das für sich selbst tun, so wissen Sie also schon beim Zubereiten der Speisen um den beabsichtigten Erfolg. Wenn Sie aber für eine oder einen Dritten kochen, für Ihren Partner oder Ihre Partnerin oder auch für Ihre Wunschperson, so müssen Sie immer gut überlegen, ob Sie ihn oder sie in das Geheimnis der Öle und Gewürze einbeziehen wollen oder nicht.

Natürlich ist es vollkommener Unsinn, den Dinnergast mit den fröhlichen Worten: »In den Basilikumtomaten sind übrigens sieben Tropfen Come-to-me-Öl, hihi« zu begrüßen. Entweder er oder sie hält sie für völlig übergeschnappt, oder aber, falls der Wunschpartner ebenfalls aus dem esoterisch interessierten Lager stammt, haben Sie die Spielverderberrolle übernommen. Hat sich schon jemals ein Zeitgenosse damit beliebt gemacht, dass er den Schluss eines Krimis, eines Buches oder Films, im Voraus verraten hat? Ich kenne keinen Einzigen.

Sinnvoll ist dagegen der Hinweis auf gewisse Speisezutaten, auf Öle, Kräuter und Gewürze, auf die Speisenauswahl an sich, wenn Sie mit einem Partner zusammenleben, der ebenfalls eine Antenne für derartige Zusammenhänge hat. Und mit dem zusammen es ein Problem zu bewältigen gilt. Mag sein, dass ER morgen beim Chef um eine Gehaltserhöhung bitten möchte, mag sein, dass SIE eine ungemein schwierige Aussprache mit ihrer Tochter aus erster Ehe vor sich hat – in solchen Fällen ist es immer sinnvoll, die Vorbereitung des Dinners am Abend vorher gemeinsam in die Hand zu nehmen. Weil es hier weder um Manipulation noch um versteckte Ziele im Allgemeinen geht, sondern weil man sich gegenseitig mit den Kräften der Natur so gut wie möglich unter die Arme greifen möchte. Allein die gemeinsame geistige Vorbereitung wird zwangsläufig zum richtigen Schritt in Richtung Erfolg.

Kurz und knapp auf den Punkt gebracht: Wer am nächsten Morgen fit sein muss, wer einen wichtigen Schritt auf seinem Lebensweg tun möchte, der darf am Abend zuvor nichts essen oder trinken, was seinen Geist lähmen könnte. Schweinebraten mit Knödeln, Bier und Schnaps, das passt nicht zusammen mit Kraft und Erfolg. So einfach ist das.

Weil wir gerade beim Schweinebraten sind: Eine unserer häufigsten Zivilisationskrankheiten heißt Übergewicht. In diesem Zusammenhang lesen wir immer wieder den schlauen Satz: »Jede Diät beginnt im Kopf.« Wogegen überhaupt nichts zu sagen ist, weil alles auf dieser Welt zuerst im Kopf beginnt. So ist das auch beim Zaubern in der Küche. Wer mittels Nahrungsaufnahme mehr erreichen will als nur Sättigung, der muss nicht nur am Herd seine Frau oder seinen Mann stehen, der muss auch Kopfarbeit leisten. Kopfarbeit, die über das Maß des Üblichen weit hinausgeht.

So muss man wissen, dass der Umgang mit Gesundheitstees nur dann irgendwann einen Erfolg zeitigen kann, wenn man sich dazu zu disziplinieren bereit ist, regelmäßig, am besten über einen längeren Zeitraum hinweg täglich zur gleichen Uhrzeit, diesen ganz bestimmten Tee zuzubereiten und einzunehmen.

Auch das erste Manipulations- oder Verführungsdinner muss nicht unbedingt dasjenige sein, das Sie dann letztlich zum Erfolg führt. Es können ja durchaus Kleinigkeiten sein, die sie vom durchschlagenden Erfolg fern halten. Kleinigkeiten, die nicht unbedingt im Bereich der korrekten Zubereitung und schon gar nicht in jenem der inneren Sammlung festzumachen sind. So kann es passieren, dass irgendetwas nicht klappt, und Sie kommen dadurch trotz intensiver Bemühung nicht auf den substanziellen Grund.

Wer nun im Rückblick hektisch nach verlorenen oder vernachlässigten Grammen oder Tropfen sucht, wer sich Vorwürfe macht, dass er die Petersilie nicht auf dem biologischen Bauernmarkt erstanden hat und den Löwenzahn nach dem Pflücken vielleicht einen Tag zu lange im Körbchen liegen ließ, der darf sich nicht wundern, dass er mit Kleinkrämerei und auf der Suche nach dem verlorenen Komma im Rezepttext immer weiter im Sumpf versinkt, dass er sich im Spiel der Gebrauchsanweisungen und Regeln verheddern wird wie einst die Pharisäer, denen der Schreiner aus Nazareth so gründlich Paroli geboten hat.

Kopfarbeit heißt Wissen. Und Wissen ist Macht. Ich möchte, dass Sie, liebe Leserin und lieber Leser, mehr darüber wissen, wie man die Wirkung von Ölen, Kräutern, Gewürzen, Nahrungsmitteln und Rezepten wirkungsvoll unterstützen kann. Gleich mehr dazu.

7

Wie man die Wirkung von Ölen, Kräutern, Speisen und Gewürzen unterstützen kann

Es gibt in unserer Sprache ein paar Redensarten, die fast täglich an uns vorbeifliegen, die aber, genauer betrachtet, tiefe Weisheiten in sich bergen. Dazu gehören zweifellos die beiden Bonmots »Selbst gebastelte Geschenke sind die schönsten« und »Die eigenen Tomaten schmecken am besten«. Beide drücken das aus, auf was ich immer wieder hinweise: All unser Tun bekommt erst durch die richtige geistige Einstellung seinen Sinn. Das gilt auch und besonders im Umgang mit Ölen, Kräutern, Gewürzen und ganzen Menüs.

Wer im Eiltempo und unter Zeitdruck etwas in sich hineinstopft, nur um den Hunger zu stillen, hat von der Nahrungsaufnahme nicht halb so viel wie jemand, der das Essen sorgfältig vorbereitet, den Tisch liebevoll dekoriert, schmucke Kerzen aufstellt und gefällige Musik auflegt. Der flüchtige Betrachter wird dieses »Beiwerk« vielleicht nur bei einem Verführungsmenü für angebracht halten, aber ansonsten seinen praktischen Wert abstreiten. Kalorien, Vitamine, Mineralien und der Geschmack ändern sich, objektiv gesehen, nämlich nicht, wenn neben dem Teller Blumen und Kerzen drapiert sind. Oder etwa doch?

Die Kraft des Geistes ist fatalerweise noch sträflich unerforscht. Erst vor ein paar Jahren wurde in Kalifornien ein Mann versehentlich über Nacht in einem Kühlhaus eingesperrt und tags darauf mit eindeutigen Erfrierungserscheinungen tot aufgefunden. Das Makabre daran: Die Kühlung war gar nicht eingeschaltet. Woher kommen dann die Erfrierungssymptome an seinem Körper?

Was das mit unseren Kräutern und Ölen zu tun hat? Ganz einfach. Wer sich zwischen Tür und Angel ein paar Öltropfen hinter die Ohren tupft, um diesen oder jenen Erfolg damit zu erzielen, hat es schwerer mit dem Erreichen seines Ziels als jemand, der geistig voll bei der Sache ist. Freilich wird das Öl in jedem Falle wohl irgendwie körperliche Reaktionen auslösen, es wird zumindest Duftstoffe abgeben und damit Wirkungen erzeugen. Wer sich jedoch konzentriert und das Auftragen des Öls oder das Einnehmen des Krautes oder Gewürzes ganz bewusst gestaltet, hat viel größere Chancen auf Erfolg.

Die Aufnahme jedweden Stoffes verändert den Körper, ob wir uns dessen bewusst sind oder nicht. Andere Völker wissen viel gezielter mit dieser Tatsache umzugehen als wir. So zelebrieren die Engländer und die Japaner die Aufnahme von Tee; und in vielen lateinamerikanischen Ländern gerät auch die Zubereitung von anregendem Kaffee zu einer bewussten Prozedur. Bohnen werden frisch geröstet, mit oder ohne Zucker, und werden dann erst, noch warm, direkt vor dem Aufbrühen gemahlen. Der Kaffee darf lange genug ziehen und wird mit viel Muße genossen. Das Reinschütten von Teebeutelsud oder Instandkaffee ist vielen Freunden aus aller Welt schier unverständlich und grenzt in ihren Augen an Barbarei.

Es stimmt nämlich explizit *nicht,* dass dieselbe Menge Thein oder Koffein stets die gleiche Wirkung auf den Organismus hat, ob sie nun im Rahmen einer kleinen Feierstunde (»Tea-Time«) oder flüchtig im Vorbeigehen konsumiert wird. Das muss inzwischen jeder noch so kritische Besserwisser zugeben. Denn sonst hätte ja auch der Mann im Kühlhaus mit dem ausgeschalteten Kühlaggregat nicht erfrieren dürfen. Weil objektiv gesehen keine messbare Kälte vorhanden war.

Das bekannteste Beispiel im Zusammenhang mit Geisteskraft ist wohl jenes von der Wirkungsweise der Plazebos. Plazebos sind Tabletten ohne nachweisbaren Wirkstoff, die aber dem Äußeren nach jenen mit Substanz gleichen und die genauso ihre Wirkung haben. Allein auf Grund der Tatsache, dass der Patient an die Wirkung der Tablette glaubt. Was schier unfassbar erscheint: Bei etlichen Patienten wirkt die an sich gehaltlose Tablette auch dann, wenn sie wissen, dass es sich hier um ein Plazebo handelt. Verrückte Patienten, verrückte Welt? Zauberei, Magie?

Wenn ich mittels Ölen, Kräutern und Gewürzen etwas erreichen will, dann »programmiere« ich vorher die jeweilige Substanz immer auf Erfolg. Ich nehme den Stoff in die linke Hand und mache mit der rechten kreisende Bewegungen darüber, spreche dabei Sätze wie »Du wirst mich jetzt dabei unterstützen, mit Hilfe des Universums, dass ich meinen Husten loswerde« (oder: dass ich meinen Liebsten wieder zurückgewinne, mehr Geld bekomme, dass mein Freund die Operation gut übersteht oder was auch immer).

Ich kenne Menschen, die auf diese Weise Wasser pro-

grammieren, ganz normales Leitungswasser. Sie besprechen konzentriert eine Flasche voll Wasser und nehmen
dann jeden Morgen und Abend eine kleine Menge davon
zu sich, vielleicht nur ein Schnapsglas voll. Sie schwören
darauf, dass sie sich, seitdem sie das machen, viel energie-
geladener, kräftiger, besser gelaunt und gesünder fühlen,
was ich ihnen ohne weiteres abnehmen kann.

Bei den bislang vorgestellten Wirkstoffen, ob nun flüs-
sig, fest oder pulverisiert, haben wir es aber um etliches
leichter als die Trinkwasserprogrammierer. Denn all diese
Stoffe haben ja schon eine nachweisliche organische Wirkung, sowohl eine körperliche als auch eine spirituelle.
Denken Sie nur an die Wirkung von Duftstoffen auf unser
Unterbewusstsein oder die Auswirkungen von Gewürzen
auf Leib und Seele. Hier ist schon etwas vorgegeben, das es
nur noch zu verstärken und gezielt anzuwenden gilt. Der
Hokuspokusspruch, die geheime Formel aus frühen Tagen,
ist in heutigen Begriffen nichts weiter als Selbstprogram-
mierung. Aber egal, wie Sie es nennen wollen – ohne die
Kraft, die auf den Geist wirkt, geht es nicht. Und diese
Kraft können nur sie selbst aktivieren.

Dabei gibt es verschiedene Mittel und Wege, die ich im
Folgenden vorstellen will. Sie kennen Sie schon aus meinen
früheren Büchern, es geht um Räucherungen, Talismane
und Amulette, Kerzen, Meditation und Visualisieren, auch
um Rituale. In meiner Hexenkultur finden wir jede Menge
davon. Auch solche Mittel, die ganz gezielt im Zusammenhang mit Ölen, Kräutern und Speisen wirken. Und die
möchte ich Ihnen nun der Reihe nach vorstellen.

Räucherungen

Die bekanntesten Räucherungen sind als Räucherstäbchen erhältlich. Hier gibt es, darauf habe ich schon des Öfteren hingewiesen, jede Menge minderwertigen Mist. Und das im wahrsten Sinne des Wortes. Oft wird getrockneter Kameldung künstlich aromatisiert, um eine echte Räucherung vorzutäuschen. Solche Produkte haben kaum eine Wirkung. Außer der, dass sich die Nase vielleicht täuschen lässt und Wohlgeruch empfindet.

Räuchermaterial, auch Räucherstäbchen, sollte daher unbedingt im Fachhandel gekauft werden. Auf jeden Fall zumindest dann, wenn Sie mit der Räucherung mehr erzeugen wollen als nur Duftwolken. Die Mehrausgabe lohnt sich bestimmt.

Inwieweit sich Räucherungen mit Ölen, Kräutern, Gewürzen und Nahrungsmitteln kombinieren lassen, kann man nur im ganz persönlichen Einzelfall entscheiden, und der hängt von der Verträglichkeit ab. Wer auf Rauch an sich »allergisch« reagiert oder auch auf die dadurch freigesetzten Düfte, der sollte die Finger von solchen Kombinationen lassen. Alle anderen sollten wissen, dass es auch bei Räucherungen besser ist, weniger statt mehr zu tun. Ein leichter Duft im Haus oder in der Wohnung erzeugt sicherlich wohlige Gefühle; penetrant aufdringliche Düfte, die einen kaum mehr zum Luftholen kommen lassen, verfehlen nicht nur ihren Zweck, sondern auch ihre Wirkung. Und noch etwas: Je mehr Sie Ihre Geruchsnerven intensiven und aufdringlichen Gerüchen aussetzen, umso schneller müssen sie abstumpfen. Sie müssten dann ständig die Räucherdosis erhöhen, um überhaupt noch etwas zu riechen und um auf diesem Weg eine Wirkung erzeugen zu können, und das darf nicht der Sinn der Übung sein. Außerdem werden Ihre Wände und Zimmerdecken eingerußt. Abgesehen davon, dass Sie eines Tages ziemlich isoliert leben werden, weil Sie niemand mehr besuchen mag. Der Gestank in der Wohnung wird nämlich kaum mehr auszuhalten sein.

Ansonsten aber können Sie sehr wohl Räucherungen, dieses uralte Mittel für magische Handlungen jeder Art, in vorsichtigen Dosierungen mit Ölen, Kräutern, Gewürzen und Speisen kombinieren. Sie sollten sie aber nie in direkten Zusammenhang mit den Speisen etc. bringen, sondern ganz dezent in einer anderen Ecke des Raumes aufstellen und abbrennen. Rauch kann nämlich nicht nur duften, sondern auch konservieren, denken Sie nur an Räucherwurst oder -schinken. Wollen Sie Ihre Öle und Kräuter konservieren? Wollen Sie, dass die Inhaltsstoffe eingeschlossen werden? Bestimmt nicht. Es kann nur in Ihrem Sinn sein, dass die Wirkstoffe so zahlreich wie möglich direkt an Sie abgegeben werden.

Natürlich macht es Sinn, wenn Sie einen Salbeitee, der zum Beispiel Ihren Husten lösen soll, in einem Raum einnehmen, den Sie zuvor einer kleinen Salbeiräucherung unterzogen haben. Die Wirkung der heilenden Kräfte des Salbeis wird sich zweifellos verstärken. Sie können Salbeitee ebenso mit anderen heilenden Räucherungen kombinieren.

Dabei kommt es eigentlich nur auf zwei Punkte an, aber die sind enorm wichtig: die beiden Wirkstoffe – der eine im Tee und der andere in der Räucherung – müssen dasselbe Ziel haben. Und sie müssen natürlich vom Geruch her zusammenpassen, sonst wird Ihnen übel.

Es ist also Unsinn, wenn Sie mit einem Tee etwas gegen Ihre Erkältung tun wollen und quasi nebenbei eine Geldräucherung abbrennen, weil es Ihnen gerade einfällt, dass Sie dringend Geld brauchen könnten. Abgesehen davon, dass dann die Summe des Geruchs, die in der Begegnung der Wirkstoffe entsteht, dem Wohlgefühl eher abträglich sein wird, machen Sie den schlimmsten Fehler, den es in diesem Zusammenhang geben kann. Sie nehmen von der Konzentration Ihres eigentlichen Anliegens (gesund werden) einen Teil der Energie weg und richten diesen auf ein zweites Problem (Geld). Womit die wichtigste Komponente der Räucherung, die damit verbundene Geisteskraft, verringert wird.

Also ist es sinnvoll, immer nur in eine Richtung zu arbeiten, wenn Sie Räucherungen mit etwas anderem kombinieren wollen. Sie können dann auch, zumindest bei fertig gekauften Räucherungsmischungen, ziemlich sicher davon ausgehen, dass die frei werdenden Geruchsstoffe mit einander harmonisieren, dass die Gerüche zusammenpassen und kein Gestankchaos entsteht.

So dürfen Sie also, wenn Sie zum Beispiel ein Come-to-me- oder ein Cleopatra-Öl auflegen, um Erfolg in der Liebe zu haben, ohne weiteres gleichzeitig eine Rosenholzräucherung abbrennen. Die Duftstoffe der Rose finden sich auch in den Ölmischungen, »beißen« sich also nicht damit. Jetzt kann von zwei Seiten im Sinne der Problemlösung gearbeitet werden.

Ähnlich ist es, wenn Sie ein Liebesmahl zubereiten. Nehmen wir als Beispiel nur den vorhin vorgestellten Veilchensalat. Er wird bestimmt noch besser, wenn Sie Ihre Wohnung einer vorsichtig dosierten Veilchenräucherung unterziehen, während Sie in der Küche tätig sind. Und er wird nicht nur deswegen besser, weil sich die Düfte des Rauches auf den Lebensmitteln niederschlagen können, sondern auch, weil Sie während der Kochphase schon ganz auf Veilchen und Amore eingestellt sind.

Sie wissen doch selbst, wie verführerisch eine Wohnung duftet, in der gerade etwas Leckeres gekocht wird. Schon allein beim Geruch der Kochdüfte stellt sich Appetit ein, gibt es körperliche und seelische Reaktionen. All das können Sie auch mit geschickt gehandhabten Räucherungen provozieren, verstärken und genießen.

Bei Geldproblemen habe ich in Kapitel 4 neben anderen Wirkstoffen zum Beispiel Mandelöl empfohlen, weil Mandel den Geldfluss anzieht. Natürlich entsteht da kein »Mandelmagnet« zwischen dem Mandelkern und dem Geld, sondern Ihre Seele wird durch Mandelöl so beeinflusst und im besten Sinne manipuliert, dass Sie empfindlicher und geschickter reagieren, wenn es um Geldangelegenheiten geht. Es macht also durchaus Sinn, wenn Ihre ganze Wohnung ein bisschen nach Mandel duftet. Und das können Sie nicht nur durch Öllämpchen, sondern auch mit dementsprechenden Räucherungen erreichen.

Vor kurzem ist mir ein so genannter »Motivationstrainer« in einem Fernsehinterview aufgefallen. Motivationstrainer sind geschickte Entertainer, die als guruähnliche Gestalten durch die großen Hallen des Landes ziehen und die Leute im Publikum aufpeitschen: »Jawohl, das will ich, das kann ich, das schaffe ich!« Sie bringen ganz spektakulär und gegen ein hohes Eintrittsgeld einzelne Besucher dazu, barfuß über glühende Kohlen oder über Glasscherben zu laufen, ohne dass sie sich verletzen. Das hört sich sehr »magisch« an, ist aber in Wirklichkeit nicht viel mehr als eine Konzentrationsübung, die jeder von uns auch ohne Anleitung bewerkstelligen kann.

Ich habe nicht besonders viel übrig für diese Leute, weil sie ihren Kunden sehr viel Geld abverlangen und dafür eigentlich nichts anderes bieten als eine Las-Vegas-Show. Andererseits kann ich auch nicht viel gegen sie haben, weil sie immerhin demonstrieren, wie man sich selbst motivieren kann. Der »Trainer«, den ich im Interview gesehen habe, hatte einen netten Zusatztrick in Sachen Geld zu bieten: Er hat seinen Hund »Money« getauft. »Money, hierher!«, »Money, Platz!«, »Money, ins Körbchen!«, »Money, komm zu Herrchen!«. Eigentlich ein netter Gedanke. Da es aber auf dieser Welt sehr viele Hunde gibt, die Unsinn anstellen, die uns Streiche spielen und Ärger und Sorgen bereiten, vertraue ich lieber meinen altüberlieferten Räucherungen. Der Gedanke, dass ich in einer Situation, in der ich Geldprobleme habe, vorwurfsvoll »Böser Money, lass mich in Ruhe!« sagen könnte, mag mir wenig Vorfreude bereiten.

Allgemeines Lebensglück und Anerkennung, auch das habe ich schon erwähnt, erfahren Sie durch die Anwendung der Ölmischung »Attraction« oder Orangenöl. Es kann Sie keiner daran hindern, nun zusätzlich auch noch eine Räucherung anzuzünden, die auf Orangenholz basiert. Und wenn außerdem noch ein paar Orangen dekorativ in der Obstschale liegen, so schadet das bestimmt auch nichts.

Wie gesagt: Öle, Kräuter, Gewürze und Speisen müssen mit den jeweiligen Räucherungen zusammenpassen, und die Räucherungen müssen in derselben Absicht abgebrannt werden, in der Sie das Öl oder das Gewürz verwenden, das ist alles.

Nach der Räucherung nehmen Sie die verbrannten Reste und binden sie in einem kleinen Seidentuch zusammen. Jetzt haben Sie einen Glücksbringer, den Sie bei sich am Körper tragen können oder den Sie unter Ihrem Kopfkissen platzieren. Wer nicht an Glücksbringer glaubt, darf die Reste der Räucherung auch vergraben, am besten in der Nähe eines Baumes. Sinn macht es auch, die Asche im Rahmen einer kleinen rituellen Handlung in einen See oder Fluss zu streuen. Wer die Aschenreste seiner Räucherung einfach in den Abfall wirft, entweiht die Räucherung im Nachhinein, verliert den Anschluss zu seinem Problem und ist damit von der Problemlösung wieder weiter entfernt. Das wird Ihnen jeder einigermaßen intelligente Motivationstrainer bestätigen, ob sein Hund nun »Money« heißt oder nicht.

Talismane und Amulette

Natürlich können Sie die Wirkungen von Ölen, Kräutern, Gewürzen und Speisen immer mit Talismanen und Amuletten verstärken. Das hängt selbstverständlich immer davon ab, welche Kraft Sie dem jeweiligen Talisman oder Amulett geben und wie wichtig der kleine Glücksbringer oder Unglücksabweiser für Sie ist.

Über dieses Thema ist schon so viel diskutiert und auch geschrieben worden, unter anderem auch von mir, dass es wenig Sinn macht, mich zu wiederholen oder Altbekanntes wiederzukäuen. Es mag eine Mischung aus Kräutern und in einem Ritual verbrannten Kerzenresten sein, die Ihnen

Kraft gibt, die Sie in einem kleinem Stoffsäckchen mit sich tragen oder unter Ihrem Kopfkissen platzieren, es kann auch eine getrocknete Heilpflanze sein oder was auch immer. In dem Moment, in dem Sie das Gefühl haben, das ist mein Glücksbringer, das ist mein Beschützer vor Unglück, genau in diesem Moment haben sie Ihren Talisman oder Ihr Amulett gefunden. Und wenn es ein kleiner Teddybär ist, der am Rückspiegel Ihres Autos baumelt.

Wenn Sie von mir als Hexe etwas lernen wollen zu diesem Thema, so kann ich immer wieder nur auf Öle, Kräuter, Gewürze und andere natürliche Stoffe hinweisen, die als Amulett oder als Talisman etwas taugen. Nicht nur deshalb, weil das in meiner Tradition verwurzelt ist, sondern weil mittlerweile auch noch der verbohrteste Wissenschaftler weiß, dass gewisse Naturstoffe durch Geruch, Aussehen und Aufnahme durch die Haut und durch den Atem einfach mehr bieten können als ein synthetischer Teddybär aus einer Fabrik in China.

Natürliche Stoffe, vor allem Kräuter und Öle, sind immer für ein Amulett oder einen Talisman gut. Sie machen sich ein kleines Beutelchen aus den Stoffen, die Ihrem Anliegen nützlich sind, tragen dieses Beutelchen um den Hals oder in der Tasche, am besten aber in der Nähe des Herzens. Je durchlässiger der Stoff ist, aus dem Sie den Behälter gemacht haben, umso mehr dürfen Sie mit Wirkungen rechnen, sowohl gesundheitlicher als auch spiritueller Art.

Das bekannteste Amulett ist wohl das Kreuz, zumindest in unserer Kultur. Und auch wenn ich mich jetzt wiederhole – zu diesem Thema muss ich wieder mal etwas sagen, dasselbe, was ich immer schon gesagt und mehrmals auch geschrieben habe. Ich hege keinen Groll gegen jene, die an den weltweit bekannten Spiritualisten Jesus von Nazareth glauben, die ihn sogar als Gott verehren. Aber das Kreuz ist ein Symbol des Leidens. Wer sich mit diesem Kreuz umgibt, sei es nun am Halskettchen oder auch als Wandschmuck, läuft nach meiner Religion Gefahr, sich selbst Leiden zuzuziehen.

Natürlich weiß ich, dass die Bedeutung des Kreuzes mittlerweile vergleichbar ist mit der Bedeutung eines Modeschmucks, dass sich Popkünstler damit behängen wie mit einer Trophäe, dass Teenager weltweit damit kokettieren, obwohl sie oftmals nicht mal wissen, wann und wo der Mann gelebt hat, um den es bei diesem Symbol eigentlich geht.

Das ändert jedoch nichts daran, dass Symbole für Leiden auch Leiden anziehen werden. Davon sind wir Hexen felsenfest überzeugt. Wenn Jesus auf dem elektrischen Stuhl gestorben wäre, würden sich die Christen dann einen kleinen elektrischen Stuhl an die Wand oder um den Hals hängen? Ich weiß es nicht. Auf jeden Fall finde ich als Hexe die Verehrung des Kreuzes und seine Tauglichkeit als Talisman oder gar Amulett mehr als fragwürdig.

Unser Thema hier ist die Beschäftigung mit Kräutern, Ölen, Gewürzen und Speisen, mit ihrer Wirkung auf unsere Psyche. Wenn Sie sich vor dem Einölen, vor der Verwendung von Kräutern oder Gewürzen, vielleicht auch beim Kochen oder beim Abbrennen von vorher sinngemäß programmierten Kerzen auch noch ein Amulett oder einen Talisman zur Wirkungssteigerung gönnen möchten, so empfehle ich grundsätzlich das Amulett des Salomon. Ein wichtiger Grundsatz mag uns Normalsterbliche vielleicht entmutigen, gilt aber auch heute noch: »Für die Magie fühlen sich viele berufen, aber nur wenige sind auserwählt.«

Und für das Einölen, das Würzen und das Kochen gilt das sowieso. Dieses Amulett in seiner ursprünglichen Form sollten Sie weder flüchtig nachzeichnen noch selbst kreativ verändern. Es ist sehr diffizil gestaltet und enthält magische Kräfte, die wir bis heute noch nicht zu erklären wissen. Es ist also sinnvoll, sich dieses Amulett in einem Magier- oder Hexenladen zu kaufen. Und selbst wenn es aus Silber, Gold, Platin oder sonst was besteht – diese Ausgabe hat sich gelohnt. Zumal es ja auch Magierläden gibt, die Verbindungen zu spirituell verantwortungsvollen Goldschmieden herstellen, die unter penibel genau beachteten Vorzeichen zu Werke gehen. Diese Vorzeichen reichen von der Auswahl der Materialien bis hin zum aktuellen Stand der Gestirne, unter denen gearbeitet werden darf. Ich bin gerne bereit solche Kontakte herzustellen.

Das Amulett des Salomon wird Sie stets davor bewahren, irgendwelchen Unsinn anzustellen. Man kann sich mit Ölen, Kräutern und Kochrezepten sehr schnell verrennen, kann sich in der Dosierung irren oder den Schlendrian einkehren lassen, wenn es mal wieder um schwer zu beschaffende Zutaten geht. Salomon war und ist ein weiser Mann, wobei wir natürlich nicht all die Märchen glauben müssen, die in der Bibel über ihn erzählt werden. Wir Hexen halten dennoch sehr viel von ihm, sehen ihn als Kraftspender und ewig währenden Geist. Wenn wir sein Amulett bei uns tragen, in welcher Form auch immer, wird er uns in Krisensituationen beraten und im Zweifelsfall auch auf den besseren, den richtigen Weg bringen.

Jedes Amulett, das uns dabei unterstützt, den richtigen

Tee zu kochen, das richtige Öl anzuwenden, die entsprechenden Kräuter einzusetzen oder die richtigen Speisen zuzubereiten, wird uns nützen.

Jedes Amulett und jeder Talisman aber, die vom primären Thema ablenken, schaden uns. Mein Tipp: Bleiben Sie bei Salomon, das ist so eine Art Rundum-Versicherung.

Wenn Sie ein Salomonamulett gekauft haben, können Sie sich über seine Form und sein Aussehen freuen und Hoffnung haben im Hinblick auf seine Kraft. Sie wissen aber nicht, wer es vorher in Händen gehabt hat, also müssen Sie es mit einem kleinen Ritual reinigen und auf sich ganz persönlich programmieren. Sie legen es dazu über Nacht in Salz ein, reinigen es danach mit Fluss- oder Seewasser, besprechen es (»Du wirst mir mit Hilfe des Universums bei meinem Problem helfen«) und achten penibel darauf, dass kein Mensch außer Ihnen selbst dieses Amulett berührt. Sie bringen dieses Amulett mit all den Kräutern und Ölen in Berührung, die Ihnen wichtig sind, lassen es vielleicht sogar eine Nacht lang oder länger im Öl- oder Kräuterbad und werden damit eine höchstmögliche Wirkung erzielen. Hokuspokus Fidibus? Nein, ganz anders. Die Kräfte der Natur werden aktiv. Ein Grund, sich feierlich einzustimmen; ein Grund, eine Kerze anzuzünden.

Kerzen und Blumen

Kerzen haben in der Geschichte der Menschheit schon immer eine wichtige Rolle gespielt; sie sind die traditionellen Opfergaben, die spirituell orientierte Frauen und Männer verwenden. Wir finden sie in fast allen Religionen und Kulturgemeinschaften. Freilich nicht immer in der Form, dass sie im Rahmen eines heiligen Rituals abgebrannt werden, zum Beispiel in der Kirche oder in der Synagoge. Sie sind auch in unserem Alltagsleben immer Ausdruck einer gewissen besonderen Situation, in der Feierlichkeit gefragt oder gewünscht ist. Das kann ein nettes Essen zu zweit sein oder etwas beliebig anderes. Wann immer wir dem Anlass etwas Spezielles geben wollen, zünden wir Kerzen an.

Man sagt, Kerzenlicht hat etwas warmes, etwas Verbindliches. Die Juden gehen sogar so weit, dass sie im Kerzenlicht die menschliche Seele symbolisieren, sie damit in all ihrer Schönheit, aber auch in ihrer Vergänglichkeit darstellen. Ein mythischer Vergleich, der auch in unserem Kulturkreis gerne gebraucht wird, auch wenn es in Form einer süßen Schnulze geschieht. Wenn zum Beispiel Popstar Elton John zum Abgesang auf die verunglückte englische Prinzessin Diana *Candle in the Wind* (»Kerze im Wind«) schmachtet, berührt er in romantischer Verklärung damit Saiten und Seiten unseres Inneren, die wohl schon immer da waren und da sind. Die Kerzenflamme ist vergänglich wie die Kerze selbst. Nicht umsonst nennt man einen intensiv lebenden Menschen, der keine Höhen und Tiefen auslässt, »eine Kerze, die an beiden Enden brennt«, die also schneller noch vergeht als andere Kerzen.

Heilige Handlungen werden immer von Kerzenschein begleitet. Die flackernde Unruhe der Flamme strahlt nicht nur Mystik, sondern auch Leben aus, zeigt, dass hier und jetzt, in diesem Moment, etwas Lebendiges geschieht. In der Kultur der Hexen hat dieses flackernde Licht natürlich auch noch einen ganz praktischen Grund, denn damals, als man noch von »Hexen« im ursprünglichen Sinne sprach, gab es noch keine elektrische Beleuchtung. Gewisse Rituale und Gebete erforderten die Anwesenheit des Mondes, also die Anwesenheit der Nacht. Und die konnte man damals ja nur mit Kerzenlicht oder Kamin- oder Lagerfeuern etwas erhellen.

Die meisten Leute, die heute Kerzen kaufen, vielleicht für ein nettes Candlelight-Dinner, sind sich nicht darüber im Klaren, wie wichtig die Farben der Kerzen sind. Sie wählen zwar vielleicht intuitiv die richtige Farbe aus, handeln aber oft auch nach Gesichtspunkten, die mehr als fragwürdig sind. Das können Aspekte sein wie das Zusammenpassen von Geschirr und Kerzenfarbe, von Möbeln und Bildern oder der gesamten Einrichtung mit der Farbe, und das Schlimmste sind die Auswahlkriterien nach Modefarben. Jede Farbe hat ihre Zeit, ihre Mode, und die wird meist in gescheiten Designerbüros bestimmt und kommt nie oder nur ganz selten aus der Seele und deren Bedürfnissen.

Doch gerade wenn wir mit Kräutern, Gewürzen und Ölen gesundheitliche oder gar magische Wirkungen erzielen wollen, sollten wir uns sehr wohl dessen bewusst sein, was die einzelnen Farben vermitteln und bewirken können. Es gilt längst als rational bewiesen, dass es eben nicht egal ist, ob meine Hose gelb oder grün ist, ob mein Zimmer blau oder rot angestrichen ist. Jede Farbe hat Auswirkungen auf uns, die wir geschickt nutzen können.

So steht die Farbe Rosa für die Liebe, Rot für Sexualität, Braun für alles Materielle, auch für Geld, Blau für Inspiration und Frieden im privaten Bereich, für Harmonie schlechthin. Silber und Hellgrau können böse Schwingungen neutralisieren. Purpurrot, die Königsfarbe, steht für Weisheit, Würde und hilft daher beim Versuch, spirituelle

Kontakte aufzubauen. Gold steht für bessere Konzentration, natürlich auch für Feierlichkeit. Mit Gelb kann man Zustände zum Guten ändern, Grün hilft zu Erneuerungen jeder Art, auch bei Geldsorgen. Weiß steht für Unschuld und Gesundheit; und mit Orange, der Farbe der Sonne, erzielt man Energie, Freundschaft und Erfolg. Die ach so modernen schwarzen Kerzen sind mit Vorsicht zu genießen. Die Farbe Schwarz kann zwar Böses abwenden, aber auch anziehen. Nur wer im Umgang mit Kerzen geübt ist, darf mit schwarzen Kerzen hantieren, Mode hin oder her.

Die Bedeutungen der einzelnen Farben sind auf vielfache Weise interpretier- und einsetzbar. Man muss nur wissen, wie was am besten verwendet wird. Literatur dazu gibt es zuhauf.

Ein paar Erkenntnisse im Zusammenhang mit Farben möchte ich Ihnen an dieser Stelle dennoch mit auf den Weg geben. Dieses Gebiet ist auch deshalb höchst interessant, weil Sie von Ihrer Lieblingsfarbe auf die Struktur Ihrer Persönlichkeit schließen können, Abweichungen und Ergänzungen nach allen Richtungen natürlich nicht ausgeschlossen. Dennoch gibt es ein paar Faustregeln, die uns diesbezüglich weiterhelfen. Nehmen wir einmal an, dass Sie in einem großen Kaufhaus in der Kerzenabteilung stehen und von dem bunten Überangebot geradezu überwältigt werden. Schauen Sie sich das Angebot an, nehmen Sie die Farbvielfalt in sich auf, und schließen dann für eine Minute die Augen. Danach greifen Sie, von Ihrem Hintergrundwissen in Sachen Magie unbelastet, einfach ganz spontan zu Ihrer Lieblingsfarbe, zu der Kerze, die diese Lieblingsfarbe hat. Was ja noch lange nicht heißt, dass Sie diese Kerze kaufen müssen.

Wer spontan zu Weiß gegriffen hat, sucht nach Reinigung, ist vielleicht sogar krank und erstrebt Heilung, hat Sehnsucht nach Licht und Helligkeit. Weiß ist die Farbe der Erleuchtung, aber auch die der Naivität, der Unschuld.

Glücklich, wer Gelb zur Lieblingsfarbe hat. Durch diese Wahl der Lieblingsfarbe drücken sich Lebenslust, Neugierde, Lust auf Neues und grenzenloser Optimismus aus. Einen »Gelbtyp« bringt so schnell nichts ins Schlingern. Selbst in scheinbar aussichtslosen Situationen wird er einen Ausweg und eine Lösung finden, um dann heiter weiter seines Lebensweges zu gehen.

Die »Hellgrüntypen« sind mit den »Gelbtypen« sehr verwandt. Hellgrün steht für Frühling, Aufbruch und ungebremstes Leben. Doch während der Gelbfan manchmal auch allzu optimistisch nach vorne schaut, hat der Hellgrün-Liebhaber immer noch den Blick für die Realität offen. Er weiß genau, was machbar ist und was nicht. Daher gibt er auch sehr gerne, ist zu jeder Hilfestellung gegenüber Dritten bereit, hört aber sofort mit dieser noblen Haltung auf, wenn dabei seine eigene Position in Gefahr gerät. In Sachen Liebe wird er zum egoistischen Realisten, lässt sich zwar gerne fallen, kann auch wunderbar genießen, ist aber nie und nimmer bereit, Probleme mit in Kauf zu nehmen. Er will Spaß am Leben haben. Alles, was ihn dabei stört, eliminiert er gnadenlos.

»Dunkelgrüntypen« sind Realisten. Sie verstehen sich auf das praktisch Machbare, wirken daher auf ihre Umwelt immer ein bisschen egoistisch und auch unterkühlt. Was sie aber nicht daran hindert, genauso weiterzumachen wie bisher. Denn sie sind sich ihrer Sache sicher. Sie stehen auf dem Boden der Realität.

Was noch mehr für alle gilt, die sich für Braun entschieden haben. Braun ist das Symbol für Erde, Erdverbundenheit, auch für Geld, Wohlstand und Solidität. Der Einzelfall muss zeigen, inwieweit zu viel Realismus gefährlich werden kann.

Schwärmer und Träumer, also auf den ersten Blick sehr sympathische Zeitgenossen, entscheiden sich für Hell- und Azurblau. Sie lieben das Meer, den Himmel, die Weite, die ungebremsten Gedanken. Mit Liebhabern dieser Farbe kann man herrlich fliegen, grenzenlos spinnen und Luftschlösser bauen – nie und nimmer aber auch nur die kleinste Eigentumswohnung erstehen. Sie hadern nämlich meist mit der Realität, weil diese im Vergleich zu all den hochtrabenden Wünschen und Träumen meist sehr bescheiden aussieht.

Dagegen steht Dunkelblau für Erfolg und manchmal auch für Rücksichtslosigkeit. Der »Dunkelblautyp« weiß genau, was er will, und er ist sehr zielstrebig. Dass er dabei oft die schönen Dinge des Lebens sträflich vernachlässigt, fällt ihm erst dann auf, wenn es schon zu spät ist. Dunkelblau ist die Farbe der Geschäftsleute und Unternehmer, die für den Erfolg alles zu opfern bereit sind.

Lila und Violett deuten auf Aufbruch hin, auf Wunsch nach Veränderung. Menschen, die diese Farben zu ihren Favoriten erkoren haben, können schon morgen oder spätestens übermorgen eine ganz andere Lieblingsfarbe haben. Sie befinden sich in einer Zwischenstation. Analysen sind daher erst möglich, wenn wieder Ruhe in ihr bewegtes Leben eingekehrt ist und wenn sie eine andere Lieblingsfarbe haben.

Rot steht für Alarm und Gewalt, Purpurrot für königlich

angehauchten Größenwahn, Orange für einen Positivismus, der aber sowohl ins Gelbe als auch ins Schwarze umkippen kann.

Beim Stichwort Schwarz müssten bei mir als Hexe natürlich sofort sämtliche Alarmglocken klingen. Tun sie aber nicht, weil diese Farbe schon seit langem eine Modefarbe ist. Verzerrungen und aktuelle Strömungen wirken daher dem eigentlichen Geist des Unterbewusstseins oft heftig entgegen. Belassen wir es also mal bei folgenden Feststellungen: Schwarz drückt Vornehmheit aus, manchmal auch Trauer, meistens aber den Wunsch, irgendwie nicht auffällig zu werden. Redewendungen wie »Schwarz macht schlank«, also unauffälliger, weil die Farbe den realen Körperumfang kaschiert, sind Ausdruck von mangelndem Selbstbewusstsein. Schwarz als Lieblingsfarbe kann aber auch durchaus Ausdruck dafür sein, allem Bösen die Stirn bieten zu wollen, Ausdruck für Kampfbereitschaft.

So weit die allgemein gültigen Erfahrungen im Zusammenhang mit Ihrer Lieblingsfarbe, freilich stark vereinfacht. Wichtig ist natürlich die Feststellung, dass sich durch demonstrative Änderung Ihrer Farbe, um endlich der Typ Mensch zu werden, der Sie so gern sein möchten, nicht das Geringste in die eine oder andere Richtung bewegen wird. Ihre Neigung zu Ihrer ursprünglichen Lieblingsfarbe bleibt nämlich stets erhalten, kann sich überhaupt nicht verändern, solange Sie sich nicht selbst verändern. Betrügen Sie sich also nicht selbst.

Dennoch kann man Farben, ob als Wandschmuck oder Kleidung, wie auch immer, bewusst für gewisse magische Prozesse einsetzen. Bleiben Sie ruhig erst mal, solange das Schicksal nichts Besseres lehrt, bei meinen Farbempfehlungen für die Auswahl von Kerzen. Womit wir wieder beim eigentlichen Thema sind.

Bei der Verwendung von Kerzen im Zusammenhang mit Essenzen jeder Art gilt das Gleiche wie bei Räucherungen, Amuletten und Talismanen: Achten Sie stets darauf, dass Sie sich bei all Ihrem Tun immer nur auf ein einziges Anliegen konzentrieren. Seltsame Kombinationen, vielleicht aus den Problembereichen Gesundheit, Liebe und Geld gleichzeitig, werden Ihnen nicht gelingen. Kein Mensch auf der Welt hat so viel Energie, dass er sich gleichwertig und mit gleicher Kraft drei Problemen zur selben Zeit zuwenden kann.

Nehmen wir an, Sie haben sich jetzt für eine Salbung in einer ganz bestimmten Sache entschieden, verwenden ein ganz bestimmtes Öl, das Ihnen helfen soll. Jetzt können Sie ohne weiteres diese Salbung und die Wirkung des Öls verstärken, indem Sie, bevor Sie mit der Verwendung des Öls beginnen, eine Kerze abbrennen. Die Kerze sollte noch brennen, während Sie zu Werke gehen. Sie gibt durch ihre Präsenz Ihrer Seele das Signal, dass jetzt etwas ganz Besonderes passiert. Und wenn Sie beim Erwerb der Kerze daran gedacht haben, dass deren Farbe zu Ihrem Problemfeld passt, dann sind Sie schon auf der sicheren Seite.

Noch wirkungsvoller können Sie agieren, wenn Sie die Kerze mit der richtigen Farbe vor dem Abbrennen mit dem dazu passenden Öl einreiben. So entsteht nicht nur ein noch wirkungsvollerer Duft, sondern auch eine verstärkte Wirkung. Sie reiben dabei die Kerze immer von der Mitte weg nach oben, und dann von der Mitte weg nach unten ein. Nicht zu stark, sondern ganz fein dosiert, sonst entstehen unangenehme Rauchwolken.

Die Wirkung von rosafarbenen und roten Kerzen, also Kerzen, bei denen es um Liebe und Sex geht, kann verstärkt werden, wenn die Namen der beiden Partner, die zusammenfinden sollen, vorher eingeritzt werden. Wenn Sie jemanden verführen wollen, so muss die Beschriftung ja nicht deutlich sichtbar sein; eine Minischrift an verdeckter Stelle genügt.

Um welche Kerze mit welcher Farbe es auch geht, welches Anliegen Sie auch immer haben, es macht stets Sinn, auf dem Boden der Kerze ein Pentagramm einzuritzen. Wie so etwas aussieht, erfahren Sie in jedem Hexen- oder Magierladen, außerdem in vielen Schriften, nicht zuletzt in meinem letzten Buch *Weiße Magie, Schwarze Magie, Satanismus* (Goldmann Verlag). Das Pentagramm weiht die Kerze, gibt ihr besondere Kraft. Außerdem werden Sie persönlich während dieser Arbeit positiv gepolt, programmiert, gecoacht, ganz wie Sie es ausdrücken möchten. Während Sie das Pentagramm einritzen oder auch schon während Sie die Kerze fachgerecht mit Öl einreiben, denken Sie bitte nicht an Ihre Einkaufsliste oder vergleichbar Banales, sondern ganz fest an das Ziel, das Sie erreichen möchten. Sie können dabei auch beten, meditieren oder visualisieren – aber darüber Genaueres im nächsten Abschnitt.

Der Umgang mit Kerzen, egal um welche es geht, ist nicht ganz so einfach, wie man sich das denkt. Man darf sie nur mit Schwefelhölzern anzünden, also nicht mit dem Feuerzeug. Das mag für Rationalisten ein bisschen kindisch klingen, und ich weiß auch nicht, was genau hinter dieser Regel steckt, aber ich verlasse mich auf das Wissen meiner Schwestern aus vergangenen Tagen. Nun gut, sie hatten kein Feuerzeug, und wir Hexen neigen ohnehin dazu, ein bisschen traditionalistisch zu sein, aber ich möchte nicht ausschließen, dass mit der Schwefelentzündung die Flamme anders brennt als mit einer Gasentzündung. Schon oft hat sich erst Jahrzehnte oder Jahrhunderte später herausgestellt, warum welche Regel so wichtig und unverzichtbar ist.

Schwefel ist natürlich der Geruch der Hölle und des Teufels. Wer also einen kleinen Hausaltar hegt und pflegt, darf die Kerze nach dem Anzünden nicht auf diesem Altar stehen lassen. Sie finden bestimmt auch einen anderen netten Platz in Ihrer Wohnung, da bin ich mir ganz sicher.

Kerzen, die magisch wirken sollen, werden nie ausgeblasen, sondern mit den Fingern gelöscht. Wer Angst hat, sich dabei die Finger zu verbrennen, schafft sich einen kleinen Kerzenlöscher an. Das ist eine kleine Metallhaube am Stiel, die die Luftzufuhr zur Flamme verhindert. Obwohl wir Hexen auf Grund der historischen Verfolgung wirklich nicht den geringsten Grund haben, Querverweise auf die katholische Kirche anzubieten, gebe ich Ihnen trotzdem folgende Information: Die Katholiken machen es im Rahmen ihrer Rituale in den Kirchen genauso. Sie decken die Kerzenflamme ab, die Luftzufuhr wird unterbrochen, die Flamme erlischt.

Kerzenreste werden bitte nie weggeworfen, sondern an einer probaten Stelle im Freien vergraben. Der traditionelle Wunschbaum ist die Buche. Und Sie haben doch einen Wunsch, oder etwa nicht? Also vergraben Sie die Kerzenreste unter eine Buche, denken Sie dabei noch mal ganz fest an Ihr Anliegen, an Ihren Wunsch, bitten Sie die Buche, dass Sie diese Reste aufnimmt und dass Sie Ihnen hilft, bei allem, was Sie vorhaben. Sie erreichen so eine Potenzierung des Kerzenrituals.

Die können Sie auch erlangen, wenn Sie zusätzlich zu der Kerze Ihres Anliegens mit der dementsprechenden Farbe noch eine zweite aufstellen, und zwar die Astralkerze der Person, der die Wunscherfüllung gilt. Die Farben sind hinreichend bekannt: Die im Sternzeichen des Skorpion Geborenen verwenden eine rote Astralkerze, Zwillinge eine gelbe und so weiter. Sie erfahren die Farbe Ihrer ganz persönlichen Astralkerze in jedem Hexen- und Magierladen.

So soll es sein, das wünsche ich mir, das möchte ich mit Hilfe meines Gottes, der Götter oder der Kräfte des Universums, vielleicht sogar mit Hilfe der Kräfte meines Unterbewusstseins erreichen – der Adressat spielt wirklich keine Rolle. »So soll es sein«, diesen Satz müssen Sie sich merken. Sie sollten diesen Satz dann laut vor sich hersagen, wenn Sie die Kerze entzünden. Nicht murmeln, nicht denken, nicht verschlucken, sondern richtig laut sagen: So soll es sein.

Natürlich muss Ihnen das bekannt vorkommen. »So soll es sein« ist übersetzbar mit »*Amen*«. Amen, so will ich das, so soll's passieren. Dieses »Amen« ist keine Bitte, kein Flehen im katholischen Sinn: »Hier bin ich, ich armer kleiner Wurm, bitte, lieber großer allmächtiger Gott, tu was für mich« – nein, so ist dieses »Amen« nicht gemeint. Es heißt vielmehr, dass ich ab jetzt alle meine Kraft einsetzen werde, um mein Ziel zu erreichen: Ich will, ich kann! Genau wie bei den Motivationstrainern.

Ich habe Ihnen vorher beschrieben, dass man Kerzen, um ihre Wirkung zu verstärken, mit Ölen einreiben kann und dass man dabei immer darauf zu achten hat, dass Kerze und Kerzenfarbe mit dem entsprechenden Anliegen übereinstimmen. Das Gleiche gilt bei der Arbeit mit Kräutern und Gewürzen. Niemand hindert Sie daran, eine Kerze, bevor Sie sie abbrennen, regelrecht in einem Kräuterteller zu »panieren«. Die Vorgehensweise ist recht einfach. Sie ritzen Furchen in die Kerze, damit die Kräuterpartikel sich gut halten können, ölen die Kerze danach leicht ein, damit so was wie eine Haftgrundlage entsteht, und dann wälzen Sie sie in Kräutern Ihrer Wahl und Ihres Anliegens.

Sie dürfen dabei natürlich nicht übertreiben. Zu intensiv »panierte« Kerzen stinken wie die Pest, entwickeln außerdem viel Rauch, und der ist alles andere als feierlich.

Beim Einsatz von **Blumen** wird es nicht ganz so schlimm, wenn Sie sich mal vergreifen. Schließlich gehören Blumen inzwischen zum guten Ton, haben oft mehr dekorativen als magischen Charakter, was ich sehr bedauere. Dennoch freue ich mich, wenn bei einem netten Essen in geselliger Runde ein paar Blumen auf dem Tisch stehen. Schließlich sind sie Ausdruck unserer Verbundenheit zu Mutter Natur, erinnern an Wachstum und Sterben, an die Schönheit an sich.

Vielleicht erscheine ich Ihnen jetzt ein bisschen kindisch, dennoch möchte ich mir folgende Anmerkung im Zusammenhang mit Blumen nicht verkneifen: Blumen sind Lebewesen, sie brauchen Licht, Luft, Wasser und Erde. Wer sie von der Erde abschneidet, sie von ihrer Wurzel trennt, hat ihren Tod beschlossen, der meist nur wenige Tage nach dem Abschneiden eintritt. Wann immer mir jemand Blumen schickt, freue ich mich zwar über das Geschenk, habe aber noch viel mehr Freude daran, wenn diese Blumen Erde, Wurzel und damit eine Zukunft haben.

Dann schaue ich mir die Blumen an, ob im Topf oder als Strauß gebunden. Was wollen sie mir sagen? Rosen drücken Liebe, Kraft und Macht aus. Nelken auch, wenngleich es hier um brüderliche oder schwesterliche Liebe geht, auch um Liebe im Weltverbund. Nicht umsonst haben sich die Gewerkschafter und die Kommunisten stets Nelken ans Revers geheftet. Tulpen fordern zu einem Aufbruch, sind typische Frühlingspflanzen, wollen mir sagen, dass ich etwas ändern soll. Bei Veilchen höre ich Amor trapsen; bei Orchideen, obwohl diese Blumen Parasiten sind, also von anderen Pflanzen leben, ebenso – schon allein deshalb, weil sie teuer sind. Wer sich so etwas leistet, der meint es ernst. Ebenso bei Lotusblüten, die traditionsgemäß einem Heiratsantrag gleichkommen. Ähnlich wie Misteln, wenn sie um die Weihnachtszeit verschenkt werden.

Die Düfte der Blumen, die wir in einem Blumenladen erstehen können, sind durch Massenzüchtung und Haltbarkeitsmaßnahmen kaum mehr von spiritueller Relevanz. Freilich duftet eine Rose oder ein Veilchen anders als eine Tulpe, aber der Duft bleibt leider oberflächlich, ist frei von jeder magischen Wirkung.

Dennoch haben Blumen, auch solche aus dem Großmarkt, Kräfte, die wir nicht außer Acht lassen sollten. Es geht dabei erst mal um symbolische Kräfte. Möchten Sie anlässlich eines Verführungsdinners lieber einen Rosenstrauß oder einen Kaktus auf den Tisch stellen? Sehen Sie, da haben wir's schon.

Also folgende Tipps: Wann immer Sie möchten, dass durch Blumen eine Saite zum Klingen gebracht wird, so achten Sie in erster Linie auf die Farbe. Und zwar auf diejenige, die vorherrscht, ob in der Blüte oder insgesamt, die Stängel und Blätter eingeschlossen. Der Eindruck der Farbe bewirkt mehr als die überlieferte Symbolik. Wobei die gleiche Farbsymbolik anwendbar ist, wie oben im Zusammenhang mit Kerzen erwähnt.

Doch wer etwas »durch die Blume sagen« will, also mit Worten mehr Probleme hat als mit der Auswahl von Pflanzen, oder wer sich nicht traut, direkt zu Werke zu gehen, muss wissen, dass es in unserem Kulturkreis diesbezüglich festgelegte gesellschaftliche Regeln gibt: Rosen symbolisieren stets heftige Zuneigung bis Liebe; Kakteen stachelige Ablehnung, die mit der Bitte um Entfernung der Stacheln gekoppelt sein kann, meistens sogar ist. Denn wer macht sich schon die Mühe, einen Kaktus zu verschenken, wenn ihm an dem entsprechenden Adressaten nichts liegt?

Weiß steht für Reinheit, für Heilung, für Veränderung. Rot für Liebe, Kraft und Leidenschaft. Grün für Lebenslust und Abenteuer. Ob diese Weisheiten nun aus der Hexenkultur kommen oder aus eingeschliffenen Kulturgewohnheiten, das mag hier und jetzt nicht mehr von Belang sein. Fakt ist, dass diese Weisheiten bestehen, zumindest im Unterbewusstsein. Und das ist Grund genug, sie zu respektieren.

Ich finde es grundsätzlich schön, wenn Menschen durch die Blume sprechen, welche Farbe und Form diese Blume auch immer haben mag. Ein Blumenstrauß aber, noch so geschickt zusammengestellt, kann nie eine persönliche Aussprache ersetzen. Er kann sie höchstens in Gang bringen. Und so soll es auch sein.

Ich darf Ihnen noch ein kleines Geheimnis aus meiner Erfahrung verraten: Selbst zusammengestellte Blumengeschenke, vielleicht sogar selbst gepflückte oder besser eingetopfte Blütenträger wirken auf den Empfänger, aber auch auf Sie selbst wesentlich prägnanter als bei Fleurop bestellte. Haben Sie schon gesehen, wie schön Schnittlauch blühen kann? Oder Kürbis? Wissen Sie, wie imposant Zucchiniblüten duften? Riechen Sie doch mal an einer Kastanienblüte. Sagt Ihnen dieser Geruch etwas? Mit was können Sie diesen Geruch verbinden? Hat er irgendetwas mit Ihrer Lebenssituation zu tun? Holen Sie tief Luft, atmen Sie den Duft der Blüte ein, nehmen Sie sich Zeit. Lassen Sie den Geruch auf sich wirken. Der Geruchssinn ist eine der letzten Bastionen menschlicher Unverfälschtheit, verlassen Sie sich auf ihn.

Sie ahnen ja schon, worauf ich zum x-ten Mal wieder hinauswill, nämlich über die Kraft und die Bedeutung der Kerzen und Blumen hinaus: auf die innere Haltung, auf die wichtigsten Werte und Kräfte, die uns im Leben zur Verfügung stehen. Auch und besonders auf die Kraft der Konzentration, die Kraft des Gebetes und die der Meditation, die Kraft des Visualisierens. Wie Sie diese Kraft in sich wecken können, darüber gleich mehr.

Meditieren, Beten und Visualisieren

Natürlich wissen Sie, wie Sie beten können. Sie haben es in der Schule gelernt. Lieber Gott, mach mich fromm, dass ich in den Himmel komm. Gebete werden oft runtergeleiert wie Pflichtübungen, wie Arbeiten, die man so schnell wie möglich hinter sich bringt. Um wieder mal etwas Kritisches über die katholische Kirche zu sagen: Sie ist schuld daran, dass viele Leute Gebete heute als lästige Pflicht empfinden. Ist es doch heute noch gang und gäbe, im Rahmen eines ohnehin fragwürdigen Beichtrituals sozusagen zur Buße zehn Vaterunser und zehn Ave-Maria abzuarbeiten, also Standardgebete mit vorgegebenem Text, die jeder eigenen Inspiration entbehren. Es sei denn, man kann sich so konzentrieren, dass man diesen vorgegebenen Text mit Leben erfüllt.

Noch unverständlicher sind für mich als Hexe die Buddhisten mit ihren Gebetsmühlen. In eine Holzrolle sind Gebetstexte eingeschnitzt; und das Gebet gilt als gesprochen, wenn man die Holzrolle auf ihrer extra dafür gefertigten Verankerung ins Drehen bringt. Viele dieser Gebetsmühlen stehen nebeneinander. Der Gläubige bringt sie im Vorbeigehen allesamt ins Rollen, hat damit soundsoviele Gebete gesprochen. Natürlich weiß ich, dass diese Mühlen noch einen kulturellen Hintergrund haben, doch der Aspekt des Abarbeitens einer lästigen Pflicht steht meines Erachtens auch hier im Vordergrund.

Von solchen Gebeten möchte ich jetzt nicht sprechen, sondern von jenen, die aus dem Herzen kommen. Man sagt ja, dass in der Not selbst der Ungläubige das Beten lernt. Aber es muss nicht immer eine Notlage sein, in der Sie Gebete sprechen. Beten Sie, zu wem Sie wollen, zu Gott, den Göttern, zu den Geistern der Natur und des Universums, aber beten Sie richtig. Und beten Sie auch in Zeiten, in denen es Ihnen gut geht. Es gehört sich einfach, manchmal auch danke zu sagen.

Beten Sie auch, wenn Sie mit Ölen, Kräutern, Gewürzen hantieren, wenn Sie vielleicht sogar ein spirituell ausgerichtetes Dinner vorbereiten. Das Hirn denkt tagtäglich so viel

Unbedeutendes und Unsinn, kann vieles, was es aus den Medien, der Umwelt und im beruflichen Alltag, auch im Freundeskreis erfährt, erst nach und nach verarbeiten. Also geben Sie Ihrem Hirn etwas Sinnvolles zu denken, ein Gebet.

Etwas Sinnvolles zu denken ist die eine Sache, etwas Sinnvolles zu sagen die andere. Das gesprochene Wort hat eine ungleich höhere Wirkung als das gedachte. Hier sind wir bei einem ganz wichtigen Punkt. Gebete sollten so oft wie möglich laut ausgesprochen werden. Das macht sich natürlich in der vollen U-Bahn oder im gut frequentierten Supermarkt nicht so gut, es bestehen ja schließlich gewisse soziale Spielregeln, aber wenn Sie im Badezimmer mit Ölen oder in der Küche mit Kräutern hantieren, können Sie ohne weiteres laut dabei beten.

Sie könnten zum Beispiel mal daran denken, dass auch Pflanzen Lebewesen sind. Sie können mit den Kräutern sprechen, die Sie gerade zu Heilzwecken oder mit magischer Absicht zubereiten. Sie könnten sich bei ihnen bedanken, dass sie Ihnen jetzt helfen wollen und werden, dass sie hier und heute für Sie präsent sind, dass die Wege des Schicksals gerade heute und jetzt Sie mit dieser ganz bestimmten Pflanze zusammengeführt haben. Dieser Rat mag für Ungeübte etwas abstrus erscheinen, hat aber dennoch seinen Sinn.

Ich brauche mich ja nicht für Gepflogenheiten meiner Zunft zu entschuldigen und muss sie auch nicht interpretieren. Gewisse Sachen machen wir Hexen einfach, weil wir sie schon immer so machen. Das hat nicht nur mit Bodenständigkeit und Konservativität zu tun, sondern vor allem damit, dass sich gerade in letzter Zeit immer mehr Hexenweisheiten auch unter dem Aspekt der so genannten rationalen Forschung als Wahrheiten herausstellen. Was sie für mich nicht wertvoller macht – wertvoll waren sie schon immer –, aber dennoch bei Rationalisten um etliches interessanter. Der langen Rede kurzer Sinn: Beten Sie, wenn Sie sich einölen, beten Sie, wenn Sie etwas aus Kräutern zubereiten, und beten Sie auch, wenn Sie sich zu Tisch setzen, auf dem ein in magischer Absicht gekochtes Mahl steht. Sie polen damit Ihren Geist in die richtige Richtung; und Sie erweisen den Essenzen, die Sie verwenden, den ihnen gebührenden Respekt.

Das Wort »beten« klingt immer nach »bitten« und »betteln«, hat aber damit eigentlich nicht viel zu tun. Die geistige Hinwendung zu einem höheren Wesen, und sei es auch »nur« die geistige Hinwendung zu unserem Überbewusstsein, zu dem kleinen Gott in uns selbst, muss immer mit Selbstsicherheit und auch einem gewissen Stolz geschehen. Mögen Sie winselnde Bettler? Na, sehen Sie, ich auch nicht. Und Gott mag sie auch nicht, die Naturgötter hassen sie sogar. Also tragen Sie Ihr Anliegen selbstbewusst und faktisch begründet vor, kriechen Sie aber auf keinen Fall im Staub. Dann werden Sie auch Erfolg mit Ihrem Gebet haben.

Ein anderes bewährtes Mittel ist die Kunst der Meditation, die Sie natürlich auch im Zusammenhang mit Ölen oder Kräutern ausüben können. Meditieren bedeutet ja erst mal nichts weiter als in sich zu versinken, die innere Mitte zu finden, eine Art Ruhezustand auskosten zu können. Das können Sie natürlich nicht, wenn Sie gerade dabei sind, sich einzuölen. Auch dann nicht, wenn Sie in der Küche mit Schüsseln und Messern hantieren. Wenn Sie versuchen sollten, bei solchen Gelegenheiten zu meditieren, richten Sie nur Unsinn an.

Also meditieren Sie, wenn Ihnen das lieber ist als beten, bitte vor und nach Ihren Arbeiten. Machen Sie sich dafür innerlich vollkommen frei, auch und ganz besonders von Ihrem Problem. Schaffen Sie Ruhe, bevor Sie anfangen, mit Ölen oder Kräutern aktiv zu werden. Es kann ja durchaus sein, dass Sie im Stadium der Meditation erfahren, dass Sie in die falsche Richtung laufen, dass es gerade für Sie ein viel geeigneteres Öl oder Kraut gibt, eins, von dem Sie vielleicht noch gar nichts wissen. Also finden Sie Ihre Mitte, und hören Sie genau zu.

Ganz anders müssen Sie beim Visualisieren vorgehen. Hier müssen Sie zielgerichtet an Ihr Problem denken. Aber nicht nur an Ihr Problem, sondern vor allem an dessen Lösung. Nehmen wir an, Sie haben Streit mit Ihrem Chef, wollen für ihn zum Anlass einer längst fälligen Aussprache ein kleines Harmoniedinner zubereiten, dann müssen Sie sich beim Visualisieren genau vorstellen, wie dieses Gespräch passieren wird. Wo die Stolpersteine sein könnten und sind und wie Sie diese brillant aus dem Weg räumen. Und wie dann alles zu guter Letzt in allgemeiner Harmonie aufgeht.

Damit Sie Ihr Unterbewusstsein beim Visualisieren auf Erfolg programmieren können, müssen Sie natürlich erst mal die Technik des Visualisierens lernen. Man setzt sich hin – nicht hinlegen, sonst schläft man ein – und versucht, den Atem und den Herzschlag zu verlangsamen. Bei mir funktioniert das immer, wenn ich ganz langsam rückwärts zähle, von zehn auf eins, oder, wenn ich besonders aufgewühlt bin, von dreißig auf eins, meinetwegen auch von hundert auf eins. Es entsteht dabei eine Art Tagtraumgefühl zwischen Alphazustand und Euphorie. Achten Sie darauf, dass Sie so lange wie möglich die Lösung Ihres Problems im Kopf behalten können. Nicht das Problem, sondern dessen machbare Lösung. Nicht eine »Lösung« in der Form, dass eine Fee dahergeschwebt kommt und alle Probleme wegzaubert oder ein Lottogewinn über Sie hereinbricht, sondern etwas, das auch praktikabel ist. So macht das Ganze Sinn.

Meine heutige Kurzfassung in Sachen Visualisieren reicht natürlich nicht aus, um Ihnen diese Technik in all ihren Einzelheiten nahe zu bringen. Befassen Sie sich also mit der Silva-Mind-Methode. Gute Literatur darüber gibt es in jedem Esoterikladen, mittlerweile auch im normalen Buchhandel.

Beim Visualisieren brauchen Sie Geduld: erstens, um die Methode zu erlernen, und zweitens, weil Sie das Verfahren über einen längeren Zeitraum täglich wiederholen müssen.

Natürlich gilt auch hier, ähnlich wie beim Meditieren, dass das Visualisieren ein eigener Vorgang ist, der nicht während der Arbeit mit Ölen, Kräutern und Gewürzen stattfinden kann. Nach dem Visualisieren werden Sie erschöpft sein, sollten also nicht unbedingt gleich in der Küche herumwerkeln.

Wichtig ist, dass Sie stets Ihr ganz persönliches und genau definiertes Ziel im Auge behalten, dass sie sich nicht verzetteln und auch nicht zu viel auf einmal erreichen möchten. Dann können Gebete, Meditationen und Visualisierungsübungen die Wirkung von meinen bereits vorgestellten Rezepten aus der Hexenküche kraftvoll unterstützen.

Leicht nachvollziehbare Rituale

Natürlich muss nun zwangsläufig jeder auf die Idee kommen, dass wir alle Hexenküchenrezepte, alle Kräuter und Öle, alle Kerzen und alle Amulette, alle Gebete und Visualisierungsübungen einfach nur in einen großen Topf zu werfen brauchen, alle nur geschickt kombinieren müssen, um die größtmögliche gesundheitliche und auch magische Wirkung zu erreichen. Das ist vom Ansatz her gar nicht mal so falsch, bedarf aber dennoch einiger Anleitungen. Denn eigentlich befinden wir uns schon lange auf der großen Spielwiese der Rituale. Zuerst meditieren, dann Kerzen »panieren« und programmieren, dann Kräuter und Pflanzen zubereiten, sich mit magischen Ölen salben, die Wohnung feierlich räuchern und so weiter – irgendwie ist jetzt ein System vonnöten, das Ordnung in das Überangebot bringt, oder?

Ja und nein. Es gibt Menschen, die brauchen ihre genaue Gebrauchsanweisung, sind ohne eine Anleitung ziemlich hilflos. Und dann gibt es wieder solche, die sich durch zu enge Vorschriften gegängelt fühlen und daher schon von vornherein etwas dagegen haben.

Entscheiden Sie selbst, in welche Richtung Sie tendieren. Denn grundsätzlich gibt es keinen Hinderungsgrund dafür, dass große Angebot einfach mal so hinzunehmen und sich im Bedarfsfall etwas herauszupicken, in welcher Reihenfolge auch immer. »Das Leben ist wie ein Büfett«, sagt eine Freundin von mir, »und man kann sich im richtigen Moment all das vom Büfett herunternehmen, was man will und braucht.« Recht hat sie.

Aber auch für Menschen, die gern frei denken, ist es vielleicht ganz interessant zu erfahren, welche Rituale sich im Zusammenhang mit Kräutern, Ölen und Gewürzen anbieten. Jedes Ritual hat einzig und allein den Sinn, Ihnen zu helfen, sich noch mehr auf Ihr Anliegen oder Problem zu konzentrieren; darüber hinaus erweist es den Göttern Respekt. Dabei möchte ich das Wort »Ritual« nicht so streng verstanden wissen wie in einigen Religionsgemeinschaften üblich. Vielmehr möchte ich Sie auffordern, Ihre eigenen Rituale zu entwickeln und zu praktizieren. Der Papst küsst den Boden, wenn er ein fremdes Land betritt. Schwimmer aus lateinamerikanischen Ländern bekreuzen sich regelmäßig, bevor sie in die Fluten steigen. Ein guter Freund von mir nimmt nach jedem Besuch auf der Karibikinsel Kuba eine schwarze Bohne als Glücksbringer mit nach Hause ins kalte Deutschland – so hat jeder seine kleinen Rituale und Gesten, manchmal automatisch, manchmal bewusst.

Stocksteife Rituale wie die katholische Messe, der islamische Gebetsmarathon oder die jüdischen Sabbat-Gepflogenheiten sind nicht unbedingt das, was wir Hexen unter Ritualen verstehen. Oft entstehen aus der Situation heraus neue Varianten. Wobei alles nur dem einzigen großen Ziel dient, hier und jetzt etwas besonders Feierliches zu tun.

In meiner Kultur, über die ich in meinen vorausgegangenen Büchern ja schon berichtet habe, gibt es ein paar Spielregeln, die für alle Rituale gültig sind. So müssen stets alle vier Elemente in das Ritual mit einbezogen werden, also Erde, Feuer, Wasser und Luft. Außerdem müssen unsere Rituale stets bei zunehmendem Mond ausgeübt werden. Besonders wirksam sind sie, wenn sie im Freien praktiziert werden, also im Garten oder in einem Wald, noch besser an einem See oder an einem Fluss. Das ist natürlich nicht immer möglich – die eigene Wohnung tut's auch. Aber bitte achten Sie darauf, auch wenn es Winter ist, dass während der Ausübung des Rituals zumindest ein Fenster geöffnet ist. Das Element der frischen Luft ist überaus wichtig.

Gehen wir doch gleich in die Vollen und praktizieren ein **Liebesritual**. Die Liebe ist nach wie vor das Thema Nummer eins in unserem Leben. Entweder man sucht sie, oder man hat sie und sie erlischt, oder aber man schmachtet vergebens einen bestimmten Mann oder eine bestimmte Frau an, aber nichts geht vorwärts. In solchen Fällen helfe ich gerne mit diesem Ritual auf die Sprünge: Wir bauen uns auf einem kleinen Tischchen einen Hausaltar, auf dem rechts und links zwei rosafarbene Kerzen stehen, in die die Namen des gewünschten Paares eingeritzt sind, also Hans und Maria, Susanne und Heidi oder auch Detlev und Detlev. Dazu stellen wir jeweils die astrologischen Kerzen der beiden, also eine rote Kerze für den Skorpion, eine gelbe für den Zwilling usw. In eine Schale zwischen den vier Kerzen stellen wir ein kleines Schälchen mit Erde, dazu ein kleines Schälchen mit Wasser, vielleicht auch, falls vorhanden, ein Foto der Person, die zu ihrem Glück verhext werden muss. Jetzt machen Sie auf dem Altar eine kleine Räucherung, in der hauptsächlich Rosenholz und Rosenblätter verwendet werden. Bitten Sie Gott, die Götter, die Naturgeister oder wen auch immer intensiv mit einem Gebet um Unterstützung, entzünden Sie vorher die Kerzen. Während die Kerzen brennen, widmen Sie sich intensiv Ihrer Körperpflege. Sie reiben sich mit Cleopatra- oder Come-to-me-Öl ein, achten natürlich darauf, dass Sie in der Dosis nicht übertreiben, und denken dabei stets an die geliebte Person, die Sie heute verführen wollen. Gestern schon haben Sie die Zutaten für einen leckeren Verführungssalat besorgt (Rezept in Kapitel 6), den Sie jetzt zubereiten. Wenn er fertig ist, drapieren Sie ihn kurz neben der Räucherung und programmieren ihn mit einem kleinen Gebet. Jetzt hat es an Ihrer Haustüre geklingelt, und der Salat mit den Veilchenblüten ist fertig, Sie dürfen ihn servieren. Auf dem Tisch stehen natürlich Kerzen, die Sie unauffällig in Veilchen- oder Rosenöl gesalbt und außerdem mit Chili »paniert« haben.

Noch mal der Hinweis: Die Kerzen- und Räucherungsreste werden nie in den Abfall geworfen, sondern entweder als Talisman aufbewahrt oder im Freien vergraben. Machen Sie in diesem Punkt bitte keine Fehler, seien Sie sorgfältig!

Danken Sie stets den Göttern und den Kräften des Universums, dass Sie ein bestimmtes Ritual ausführen dürfen. Tun Sie das, bevor Sie mit dem eigentlichen Ritual beginnen. Das gilt besonders bei einem **Gesundheitsritual,** das Ihnen selbst helfen soll: Sie richten sich wieder ein kleines Tischchen ein, das Sie zum Altar erklären. Darauf kommt Ihre astrologische Kerze, in die Sie Ihren Namen eingeritzt haben. Dazu eine weiße Kerze; Weiß steht für Unschuld und Gesundheit. Nehmen wir an, Sie haben Probleme mit dem Magen. Dann machen Sie jetzt eine Anisräucherung, stellen zusätzlich noch eine Kerze auf, die Sie mit Anisöl eingerieben haben. Nun kommt wieder die Abteilung Körperpflege. Sie reiben sich mit Healing-Öl ein, sprechen dabei laut Gebete mit der selbstbewusst vorgetragenen Bitte, dass Ihre Magenprobleme Sie in Ruhe lassen sollen. Ein Anistee, zwischen den einzelnen Handlungen schluckweise genossen, wird Ihnen zusätzlich helfen.

Wer innerlich unruhig ist, manchmal auch unter Depressionen zu leiden hat, hält sich an dasselbe Ritual wie das gerade beschriebene, nur mit dem Unterschied, dass statt Anis Melisse, wilder Majoran, Hopfen und Baldrian verwendet werden. Das gilt ebenso für die Räucherung wie für die Ölung des Körpers und der Kerzen und den Tee.

Bei einem **Konzentrationsritual** dagegen, das Ihnen vor einem Bewerbungsgespräch oder vor einer wichtigen Prüfung helfen soll, müssen Sie stets zweigleisig fahren. Sie müssen im entscheidenden Moment einerseits gelassen und ruhig sein, andererseits aber geistig voll präsent. Blaue Kerzen auf Ihrem kleinen Altar verhelfen Ihnen zu Harmonie, braune dagegen sorgen dafür, dass Sie erdverbunden auf dem Boden der Tatsachen bleiben. Distelöl macht sich in diesem Fall immer gut, wenn Sie die Kerzen vor dem Abbrennen programmieren möchten. Sie können auch Success- oder Buddha-Öl zum Programmieren der Kerzen verwenden; auf jeden Fall sollten Sie sich mit einem dieser Öle (bitte nicht mit beiden, die willkürliche Mischung stinkt!) einreiben, zumindest und besonders an den Schläfen und auf der Stirn. Sprechen Sie während des Einreibens ein Gebet, konzentrieren Sie sich mit all Ihrer Kraft auf Ihr Vorhaben. Die Reste der blauen und braunen Kerzen nehmen Sie, in einen kleinen Beutel eingewickelt, als Glücksbringer für das Bewerbungsgespräch oder die Prüfung mit; halten Sie sie während der kniffligen Situation mit einer Hand fest umklammert. Und wenn Sie am Abend davor das von mir empfohlene Konzentrationsdinner (Rezept siehe Kapitel 6) genossen haben, kann Ihnen, wenn Sie einigermaßen vorbereitet sind, nicht mehr viel passieren.

Auch das folgende **Abschiedsritual** möchte ich Ihnen

nicht vorenthalten. Egal, von was oder wem Sie Abschied nehmen wollen oder müssen, ob Sie eingesehen haben, dass es nicht mehr sinnvoll ist, mit Ihrem aktuellen Partner weiter in Wohngemeinschaft zusammenzuleben, oder ob Sie eine neue Arbeitsstelle antreten, die alte also verlassen haben und sich von ihr verabschieden möchten: Stets ist es wichtig, solche Einschnitte im Leben bewusst zu begehen. Wer flüchtig von einer Treppenstufe des Lebens zur nächsten hetzt, am besten so schnell wie möglich alles Gewesene verdrängt und in der Hoffnung auf ein nachhaltiges Vergessen hektisch aktiv wird, den wird – natürlich im unpassendsten Moment – die Vergangenheit auf die eine oder andere Weise einholen. Abschiedsrituale sind daher immer ein probates Mittel, um unliebsamen Überraschungen dieser Art nachhaltig vorzubeugen.

Hier meine Empfehlung: Sie reinigen Ihre Wohnung so sorgfältig wie möglich, veranstalten einen regelrechten Frühjahrsputz, auch wenn es mitten im Herbst sein sollte. Ins Putzwasser für den Boden und die Fensterscheiben geben Sie sieben Tropfen Healing- und ebenfalls sieben Tropfen Kokosöl. Eine kleine Jasminräucherung verbreitet angenehmen Duft in Ihrem Umfeld. Nach der Reinigung der Wohnung reinigen Sie sich selbst. Sie duschen und waschen sich ausführlich, dann lassen Sie sich ein Wannenbad ein, dem Sie drei Tropfen Kokosöl und neun Tropfen der Mischung Master-Öl beifügen. Sie geben sich damit Kraft und Selbstbewusstsein für den neuen Lebensabschnitt. Während des Bades denken Sie intensiv an die Person oder Situation, von der Sie sich hier und heute trennen möchten. Und zwar trennen in Liebe und Freundschaft, was auch immer vorgefallen sein mag. Denken Sie also bei einem Wech-

sel der Arbeitsstelle an all die Weiterentwicklungsmöglich-
keiten, die Ihnen Ihre bisherige Stelle geben konnte; beim
Abschied von einem Freund oder Lebenspartner nicht an
die schlechten, sondern an all die schönen Momente, die
Sie zusammen genießen konnten.

Wenn es um die Trennung von einer Person geht, die Sie in
Zukunft lieber nicht mehr sehen wollen, so errichten Sie einen kleinen Altar. Ein Tischlein tut's dabei genauso wie eine
Fensterbank. Rechts und links je eine weiße Kerze aufstellen, dazu die jeweilige astrologische Kerze von Ihnen und
der anderen Person. Machen Sie nun eine Healing-Räucherung, der Sie ein bisschen (Vorsicht bei der Dosierung!) Bergamottöl beigeben. Stellen Sie ein Foto des Abschiedskandi-
daten auf, sollten Sie keines haben, so tut es ein Schild mit
dessen Namen. Entzünden Sie die Kerzen, sprechen Sie mit
ihm oder ihr. Vielleicht so: »Es ist viel zu viel schief gelaufen,
als dass wir weiterhin zusammenbleiben sollten. Trotzdem
gab es schöne Momente.« Hier zählen Sie die schönen Momente auf. Auch wenn Sie sich vielleicht im Trennungszorn
schwer damit tun, solche Momente aus Ihrem Gedächtnis
zu kramen. »Ich möchte mich heute von dir (Ihnen) verabschieden. Im Moment sieht es nach einem ewigen Abschied
aus, aber die Zukunft wird uns zeigen, ob wir nicht wieder
auf einem anderen Weg zusammenkommen können.«

Danken Sie Ihrem Gott oder Ihren Göttern, dass Sie dieses Ritual machen durften, übergeben Sie die Kerzenreste
und die Reste des Fotos oder des Namenschildes im Laufe
des folgenden Tages einem Fluss oder See. Sie können sie
auch in einem Stück weißen Stoff als Beutel zusammenbin-
den, mit einem weißen Faden (weiß für Reinigung) zusam-
menhalten, und diesen kleinen Beutel als Erinnerung an

eine gewesene und hiermit abgeschlossene Phase Ihres Lebens aufheben. Wenn diese Phase allerdings im Rückblick unangenehm bis schmerzlich war, dann vergraben Sie die Reste des Rituals im Wald. Sprechen Sie ein kleines Gebet wie: »Lieber Wald, bitte nimm diese Überbleibsel meines Trennungsrituals positiv auf, verwandle Sie bitte in gute Energie. Ich möchte jetzt einen neuen Lebensabschnitt beginnen und daher kann ich keine negativen Energien und Erinnerungen mehr gebrauchen.«

Sie sind ein eigenständiger und hoffentlich auch selbstständiger Mensch. Sie müssen sich von mir nicht sagen lassen, welche Rituale wann und wie wirken können. Sie brauchen von mir keine »Man nehme …«-Anweisungen. Gestalten Sie also Ihre Rituale selbst. Blättern Sie vorne im Buch nach, welche Öle und Kräuter für welchen Anlass richtig sind, schaffen Sie sich auf der Basis dieser Informationen Ihre eigene feierliche Ritualsituation. Das ist nicht schwer. Wer dennoch nicht auf haarklein ausformulierte Anleitungen verzichten mag, den verweise ich auf mein Buch *Hexenrituale* (Goldmann Verlag), das präzise Gebrauchsanweisungen gibt.

Wer es immer noch nicht glauben mag: »Hokuspokus-Fidibus«-Rituale gibt es nicht, hat es nie gegeben und wird es auch nie geben, auch wenn die Begabung dazu uns Hexen in düsteren Zeiten immer nachgesagt wurde. Dabei muss ich ehrlich zugeben, dass ich es manchmal sehr wohl mehr als bequem fände, wenn wir nach diesem Schema zaubern könnten. Doch es ging schon immer um die Aktivierung der individuellen Geisteskraft. Eine Kraft, die im Trubel des Alltags und der damit verbundenen Sachzwänge einfach viel zu lange unterschätzt wurde.

Die Kraft der Musik

Es gibt noch eine weitere Kraft, die ebenfalls in den Bereich der Mystik gehört und die von Rationalisten gerne belächelt wird: Es ist die Kraft der Musik. Sie wirkt direkt auf unsere Psyche und kann die Hauptsache, also die Geisteskraft, wirkungsvoll unterstützen. Wie das genau funktioniert, wissen wir nicht. Wir wissen nur, dass es funktioniert.

Schon von Alters her wird Musik bei rituellen oder einfach nur besonderen Handlungen jeder Art eingesetzt. Musik ist, wenn man es genau definieren möchte, ja schon in der so genannten Stille vorhanden. Der Wind rauscht durch die Blätter, die Vögel zwitschern, das Flussrauschen dringt an unser Ohr. All das kann man, wenn man will, schon als Musik bezeichnen, zumindest aber als Klang, für viele vom Stress geplagte Stadtbewohner als Wohlklang.

Wer Musik nur dann als solche bezeichnet wissen will, wenn eine Absicht in der Tonfolge dahinter zu erkennen ist, wenn der Ton mit der Stimme oder einem beliebigen Instrument ausgeübt wird, der mag auf seine Weise ebenfalls Recht haben. Es kommt aber meiner Meinung nach weniger auf die Definition des Begriffes Musik an als vielmehr auf die Wirkungen, die mit bestimmten Tonfolgen ausgelöst werden können und die im Bereich der Magie und der Mystik immer eine große Rolle gespielt haben.

Das erste Instrument nach der menschlichen Stimme war wohl die Trommel. In ihrer Beschaffenheit ging es dabei weniger um ein kunstvoll gefertigtes Instrument als um etwas, das man in der Natur vorgefunden hat, einen hohlen

Baumstamm vielleicht oder einen Stein. Mit dem Rhythmus kann man bereits Wirkungen erzielen, die ungeheuerlich sind. Hektischer Rhythmus kann uns aggressiv machen, monotoner wird uns sicher beruhigen. In Afrika wird dieses Wissen seit Urzeiten gelehrt und angewendet. Fieberpatienten mit rasendem Kreislauf und schnellem Atem trommelt man so lange den korrekt ausgezählten Herzrhythmus vor, bis sich ihr eigener dem vorgetrommelten anpasst, also wieder normal wird.

Mit diesem Trick arbeiten auch viele New Age-Musiker. Sie geben per Computer eine Art Herzrhythmus vor, verändern diesen dann im Laufe des Stücks, um bestimmte Wirkungen zu erzielen. In der Technomusik wird der Rhythmus so gesteigert, dass er ein Vielfaches des Herzschlagtempos vorgibt, also Unruhe schafft und Bewegung als Ventil geradezu zwangsläufig macht. Aus der Bewegung wird Tanz, und genau das ist es ja, um was es den Technomusikern geht.

Die vielfältigen Möglichkeiten des Einsatzes von Musik, die sich im Zusammenhang mit Rezepten aus der Hexenküche anbieten, durchziehen jedes Stadium der Vorbereitung und Ausführung, vom ersten Ansäen von Kräutern bis hin zum Gebet oder Ritual. Schallwellen haben konkrete Auswirkungen auf unseren Körper, sie wirken nicht nur im Gehör. Daher können auch gehörlose Menschen sich den Wirkungen von Musik nicht vollständig entziehen.

Aber auch das Fehlen jedweder Geräuschquelle hat Auswirkungen, meist sehr unangenehme. Man hört auf einmal die Geräusche seine Körpers, das Schlucken, das Atmen, den Herzschlag. Nur sehr wenige Menschen können damit positiv umgehen, die meisten bekommen Angst. Daher werden in Amerikas Superwolkenkratzern ab einer gewissen Stockwerkhöhe, wenn kein Straßenlärm mehr von unten zu vernehmen ist, Bänder mit »White Noise«-Klängen eingespielt. »White Noise« ist nichts anderes als ein gewisser Lärmpegel aus Rauschen, Windgeräuschen und Ähnlichem, damit das Ohr etwas zu tun hat.

Im hawaiianischen Vulkankrater Haleakala auf der Insel Maui, in den man ohne große körperliche Anstrengung hinabsteigen kann, ist es absolut windstill. Auch Tiere leben dort kaum. Also wird der Wanderer mit seinen Körpergeräuschen konfrontiert. Ein Zustand, den die meisten nicht aushalten, den sich aber andere zu Nutze machen, um dort in diesem Krater New Age-Seminare abzuhalten.

Mittlerweile weiß man sehr wohl um die Wirkungen von Geräuschen und Musik, auch in der Schulmedizin, und setzt diese ganz bewusst ein. Das sanfte Hintergrundgedudel im Kaufhaus, das wir nur selten als solches wahrnehmen, hat einzig und allein den Zweck, eine Atmosphäre der Gelassenheit zu verbreiten, in der man sich gerne länger aufhält, in der man noch mehr Angebote wahrnimmt und sich ihnen ausliefert. Hintergrundmusik im Kaufhaus, das ist wissenschaftlich bewiesen, steigert den Umsatz enorm.

Auch im Nutztierstall bringt Musik bessere Erträge. Kühe geben mehr Milch, Hühner legen mehr Eier. Und sogar in Gewächshäusern wird Musik eingesetzt, um das Wachstum der Pflanzen zu fördern. Raffiniert ist dabei die Mischung, die gewählt wird. Man schafft in vielen Fällen ein »akustisches Reizklima«, wechselt zwischen sanften Klängen und hartem, schnellem Rock, verteilt damit bewusst Impulse.

Das können wir natürlich auch im Zusammenhang mit unseren Kräutern tun, mit Gewürz- und Heilpflanzen. Zumindest dann, wenn wir sie selbst anbauen und großziehen. Pflänzchen, die musikalisch beschallt werden, wachsen schneller, werden kräftiger und enthalten mehr Wirkstoff.

Längst wissen wir, dass Pflanzen Angst haben, wenn ihnen Blätter oder ganze Büschel abgeschnitten werden. Schon beim Herannahen des Erntewerkzeuges, der Schere oder des Messers, ziehen sie sich – für uns allerdings nicht sichtbar – in sich zurück, werden ein Stückchen kleiner, ziehen auch ihre positiven Wirkstoffe in das Innere zurück, entwickeln dagegen negative Abwehrkräfte. Dem können wir ein bisschen entgegenwirken, wenn wir vor und während des Aberntens sanfte Entspannungsmusik erklingen lassen. Oder einfach auch, in dem wir beruhigend auf die Pflanze einreden.

So dürfen wir in allen Phasen der Arbeit mit Pflanzen davon ausgehen, dass Musik positiv wirkt. Beim Säen, Gießen und Ernten, beim Zubereiten als Tee oder Salat, schließlich auch beim Trinken und Essen. Das Gleiche gilt im Umgang mit Ölen, die ja im Prinzip nichts anderes sind als Pflanzenextrakte.

Die entscheidenden Wirkungen, und vor allem die am ehesten kontrollierbaren, erzielen Sie mittels musikalischer Untermalung bei sich selbst. Natürlich wissen Sie, dass ein kleines Verführungsdinner zu zweit bei romantischen Klängen viel größere Aussichten auf Wirkung haben wird als im Lärmbereich einer nahe gelegenen Autobahn. Aber auch bis es so weit ist, dass das Essen auf dem Tisch steht, kann sich Musik positiv auf Ihre Psyche auswirken. Bei allen Vorbereitungen darf Musik erklingen, natürlich besonders bei Ritualen und Gebeten.

Hier muss ich auf einen wichtigen Punkt hinweisen, der schon in meinem letzten Buch zum Thema Musik bei Ritualen und Gebeten seine Erwähnung fand: Wenn ich von Musik spreche, dann meine ich nicht irgendwelches Radiogedudel, vielleicht noch unterbrochen durch schwatzhafte Möchtegern-Moderatoren oder Werbung. Musik bewusst erleben, das heißt, schon in der Auswahl sorgfältig sein. Es gibt jede Menge New Age-Musik, die sich mit Ihren Anliegen decken kann. Musik, die beruhigend oder romantisch verliebt klingt, die vielleicht sogar heilend sein kann. Wir finden Derartiges auch im Klassikbereich. Den besserwisserischen Geschmack von Kritikern dürfen Sie dabei getrost außer Acht lassen. Hören Sie das, was Ihnen gefällt und womit Sie Ihr Befinden in die gewünschte Richtung lenken können.

Wovor ich warnen möchte: die Lieblingsplatte, mit der Sie ganz bestimmte Erinnerungen verbinden. Diese kann zwar unter Umständen im richtigen Moment bei einem Verführungsdinner eine positive Wirkung haben, aber natürlich nur dann, wenn es auch die Lieblingsplatte des zu Verführenden ist. Die Gefahr dabei lauert auch in so einem Fall hinter jeder Übertreibung: Das »Opfer« riecht den Braten, empfindet das Auflegen der bewussten Cassette oder CD im falschen Moment als Aufdringlichkeit. Sie müssen Ihr Gegenüber schon sehr gut kennen, um den richtigen Moment für eine derartige Aktion genau festlegen zu können, sonst schaden Sie damit der Sache.

Die Lieblingsmusik, sofern damit persönliche Erinnerungen verbunden sind, schadet auch bei Handlungen, die Sie allein begehen, ob nun beim Einölen, beim Baden oder beim Hantieren mit Kräutern, beim Gebet oder Visualisieren. Denn die vertraute Musik wird Ihre Gedanken stets an die damit verbundenen Ereignisse erinnern, wird Sie also vom eigentlichen Sinn Ihres Rituals ablenken. Ihr Geist ist nicht mehr konzentriert bei der Sache; und schon ist der Erfolg Ihres Handelns in Frage gestellt.

Misserfolg wird ebenfalls dann vorprogrammiert, wenn Sie Musik mit eindeutigen Texten anhören, die Sie – zum Beispiel beim Gebet – ebenfalls ablenken. Wer ein Gesundheitsbad nimmt, sich Kerzen aufgestellt hat, alle bösen Stoffe aus seinem Körper ausschwemmen möchte, gleichzeitig aber »Ich will 'nen Cowboy als Mann« mitträllert, der wird weder das eine noch das andere Ziel erreichen. Wobei dieses Beispiel natürlich besonders krass gewählt ist. Aber zur unerwünschten Ablenkung führen schon frühe »Baby, I love you«-Texte, in denen es um Verliebtheit geht. Schließlich haben Sie vor, Böses loszuwerden und müssen sich voll darauf konzentrieren.

Für mich gilt daher folgende Grundregel: Musik, die eine magische Wirkung haben soll, die den Geist erhebt, kann eigentlich nur Instrumentalmusik sein, Musik ohne Worte, damit ich bei keiner magischen oder mystischen Handlung von fremden Worten abgelenkt werde. Wer aber auf Gesang nicht verzichten möchte, sollte sich auf solchen konzentrieren, der in einer Sprache abgefasst ist, von der er kein einziges Wort versteht. Mit diesem Verfahren kann die Stimme als Instrument wirken, ohne dass ihre Aussage Sie ablenkt. Und darum geht es. Es gibt sehr interessante, so genannte World-Music-Platten, mit Klängen aus Pakistan, Indonesien, Indien, Kuba oder sonst wo her. Die Palette der Angebote wird immer breiter; und Sie dürfen sich froh gelaunt darauf stürzen. Lassen Sie sich Tipps geben von

Freunden und Bekannten, die sich mit derartiger Musik schon ein bisschen auskennen. Aber lassen Sie letztlich dennoch immer nur die Stimme Ihres Inneren sprechen, wenn Sie dann schließlich zum Kauf schreiten.

Jede CD, die Sie während eines Gebetes oder Rituals einsetzen möchten, sollten Sie im Alltag schon einmal gehört haben. Damit keine unliebsamen Überraschungen auf Sie zukommen, damit Sie auch innerlich gelassen werden. Wer bei spannender und abwechslungsreicher Musik ständig darauf lauern muss, was wohl als Nächstes passieren mag, kann sich nicht mehr konzentrieren. Und verkleckert darüber hinaus vielleicht vor lauter Schreck über einen spontanen Rhythmuswechsel wertvolle Tropfen magischen Öls.

Musik beschwingt, macht melancholisch, kann sogar Trauer und auf der anderen Seite tief empfundenes Glück hervorrufen. Die einzelnen Wirkungen aber sind nicht generell festlegbar; sie hängen stets mit dem jeweiligen Kulturkreis zusammen, außerdem natürlich auch mit Faktoren wie Alter, persönlichem Geschmack und spiritueller Tagesform. Was mich heute in voller Konzentration ungemein bereichern mag, kann mir morgen, an einem hektischen Tag, immens auf die Nerven gehen. Hören Sie also in sich hinein, fragen Sie sich, was Körper und Geist hier und jetzt an Musik brauchen könnten. Dazu benötigen Sie ein bisschen Übung.

Im Lauf der Zeit wird sich eine bestimmte Art von Musik herauskristallisieren, mit der sie im Rahmen von Gebeten und Ritualen am besten zurecht kommen. Es mag eine Stilrichtung sein, vielleicht eine Gruppe oder ein Einzelinterpret, vielleicht gibt es irgendwann sogar mal Ihre ganz persönliche magische Platte, die Ihrem Geist zuträglich ist.

Wenn Sie solch eine Platte gefunden haben, dann posaunen Sie diesen Fund nicht in alle Welt hinaus. Niemand liebt selbst ernannte Missionare, schon gar nicht in einem Bereich wie Musikgeschmack und individuelle Wirkung, der von derart vielen Faktoren wie den oben geschilderten abhängt. Die ultimative Musik gibt es nicht, zumindest nicht eine allgemein gültige. Erheben Sie sich also nicht arrogant über Mitmenschen, die anders empfinden als Sie, sondern danken Sie Ihrem Gott, Ihren Göttern oder den Kräften des Universums dafür, dass Ihre Suche mit so einem unschätzbaren Gnadengeschenk belohnt worden ist.

Die schönste und wichtigste Musik ist natürlich die, die Sie selbst machen, gerade dann, wenn es um magische Handlungen geht. Sie müssen nun aber weder den nächsten Gitarren- oder Gesangskurs belegen noch Ihren Meister auf der Violine machen. Allerdings sollten Sie wissen, dass jedes gesungene Gebet mehr Wirkung hat als ein gesprochenes. Dabei muss die Melodie weder schlüssig, kompositorisch wertvoll oder hitverdächtig sein. Hauptsache, Sie haben sie selbst kreiert. Fangen Sie mit Sprechgesang an, bauen Sie immer mehr Feinheiten und Schleifen ein, entscheiden Sie von Mal zu Mal neu, wie Sie singen möchten, lassen Sie Ihrer Kreativität freien Lauf.

Natürlich weiß ich, dass man als Anfänger erst mal mehr summt und grummelt, als dass man richtig singt. Aber das macht nichts. Immer nur munter drauf los! Außer der Hausordnung kann Sie nichts einschränken. Üben Sie ruhig auch im Freien, beim Spazierengehen im Wald.

Sinnvoll, nicht nur für Anfänger, ist das Mitsingen bei Instrumentalplatten. Suchen Sie sich das melodieführende Instrument aus, meist ist es bei New Age-Musik die Gitarre oder das Saxofon, und versuchen Sie, diese Melodie mit Ihren eigenen Worten zu begleiten, in der jeweiligen Tonlage. Nein, Ihre Worte müssen weder metrisch bewusst eingesetzt werden noch müssen sie sich reimen, machen Sie, was Ihnen Ihre innere Stimme sagt.

Der nächste Schritt heißt Rhythmus. Klopfen Sie mit den Fingern den für Sie erkennbaren Rhythmus mit. Zuerst leise auf dem Tisch, später vielleicht auf einer kleinen Trommel. Bongos oder auch preisgünstige Trommeln aus dem Spielwarenladen genügen. Lassen Sie dann Ihren Gefühlen freien Lauf, trommeln Sie ruhig Ihren eigenen Takt, der sich durchaus mit dem vorgegebenen beißen darf. Trommeln Sie heftig oder sanft, erspüren Sie, was für Sie persönlich gerade wichtig ist. Keine Angst vor Fehlern. Natürlich gibt es jede Menge esoterische Trommelkurse; ich halte sie aber generell für unnötig, vom Gemeinschaftserlebnis mit anderen Trommlern mal abgesehen. Klären Sie unbedingt im Vorfeld ab, inwieweit sich Ihre Trommelambitionen mit Ihrer Hausordnung vertragen. Am besten üben Sie mit Walkman-Musik im Ohr an einer einsamen Stelle im nächstgelegenen Wald. Die frische Luft wird Ihnen gut tun.

Wer als Kind mal die Geige oder die unvermeidliche Blockflöte kennen lernen musste, darf durchaus auf den Erinnerungen von damals aufbauen. Und wer Musiker ist, hat ohnehin schon die besten Karten in der Hand, wenn es um musikalische Gebete oder Rituale geht. Aber vergessen Sie nie: Sie wollen weder in die Hitparade kommen noch einen Grammy gewinnen. Entscheidend bei all Ihren musikalischen Bemühungen ist also nicht, was Dritte darüber sagen, sondern einzig und allein, was Sie persönlich dabei fühlen.

Noch mal zum Mitschreiben und Merken: Wer mit der Kraft der Musik die Wirkung von Ölen, Kräutern, Nahrungsmitteln und Gewürzen unterstützen will, kann dies in allen Bereichen tun, die damit zusammenhängen. Sowohl beim Säen, Großziehen und Ernten von Kräutern als auch bei Salbungen mit Öl, bei Bädern, Räucherungen, beim Herstellen oder Programmieren von Talismanen und Amuletten, beim Entzünden von Kerzen, beim Kochen, Essen und Trinken, besonders aber beim Beten, Meditieren und bei der Ausübung von Ritualen. Es gibt allerdings einen Bereich, in dem Musik, sei sie nun aus der Konserve oder selbst gemacht, nichts zu suchen hat: das Visualisieren. Hier ist nichts weiter gefragt als die größtmögliche Stille. Visualisieren ist die Begegnung mit dem eigenen Ich. Also ist allerhöchste Konzentration gefragt.

8

Achtung, Gefahr!

Wer seine inneren Kräfte aktiviert, setzt damit ein Energiefeld in Bewegung, das er bislang vielleicht noch gar nicht in seinem ganzen Ausmaß gekannt oder auch nur erfühlt hat. Dieses Kraftfeld will gut behandelt sein. Es kann nämlich zu unliebsamen Überraschungen kommen. »Da ist ja etwas in mir, von dem ich noch nichts gewusst habe«, höre ich immer wieder. Dieses Etwas muss nicht immer hilfreich sein, kann sogar schaden. Wer einen Motor anwirft, sein Auto in Bewegung setzt, muss ja auch noch mit etlichen Begleiterscheinungen rechnen: Es können Kurven kommen und andere Verkehrsteilnehmer (Energieträger), die ebenfalls beachtet werden müssen, und es kann auch sein, dass man nicht richtig einschätzen kann, wie schnell oder wie langsam man in dieser oder jener Situation mit seiner Energie, die man aktiviert hat, fahren darf. Ein Führerscheinneuling wird sich also, wenn er auch nur ein bisschen vernunftbegabt ist, nie in einen Porsche oder Ferrari setzen, weil die dort frei werdende Energie ihn vielleicht überfordern könnte.

Ganz ähnlich verhält es sich im magischen Bereich. Man darf nur vorsichtig aufs Gaspedal treten, muss vorher genau prüfen, was man sich zutrauen kann und was nicht.

Die klassischen Fehlerquellen beim Umgang mit Wirkstoffen aus der Hexenküche habe ich ja schon erwähnt. Wer sich zu alte oder gar minderwertige Zutaten besorgt, vielleicht in einem Kaufhaus aus der Esoterikabteilung ein synthetisch hergestelltes Öl, der läuft Gefahr, dass Energien frei werden, die in dieser Form eher negativ als positiv wirken.

Auch die richtige Dosierung muss immer wieder betont werden. Gerade, wenn Sie ein Gesundheitsritual machen, sich oder anderen Heilung bringen wollen, dürfen Sie nie und nimmer nach dem Grundsatz »je mehr, desto besser« vorgehen. Hier geht es um Heilung, und die muss genau geplant sein. Wenn Sie Kopfschmerzen mit Tabletten vertreiben wollen, dürfen Sie ja auch nicht gleich drei Schachteln davon auf einmal schlucken. Ihr Magen und Ihr gesamter Verdauungstrakt wird Ihnen nämlich sonst ernste Probleme bereiten. Die Organe werden sich wehren; und damit entstehen neue Probleme, die noch viel gravierender sind als die ursprünglichen.

Das Problem mit der richtigen Dosierung stellt sich besonders dann, wenn Sie selbst Kräutermischungen und Ölverbindungen herstellen. Ich empfehle ja immer, dass jeder seine eigene Mischung finden soll, dass jeder auch experimentieren soll, bis er davon überzeugt ist, das richtige Öl oder die richtige Kräuter- oder Gewürzmischung für sich gefunden zu haben. Das muss natürlich im Vorfeld schon passiert sein, bevor Sie im Ernstfall richtig aktiv werden. Für solch eine individuelle Dosierung braucht es viel Zeit, die Sie sich unbedingt nehmen sollten. Noch besser, Sie probieren unter Anleitung einer Hexe oder eines Magiers, damit kein Unsinn geschieht. Ansonsten ist es ratsam, die

auf den Fläschchen und Tüten empfohlenen Dosierungsanleitungen genau einzuhalten.

Missbrauch und Überdosierungen passieren nicht nur
beim Einsatz von Kräutern, Ölen und Gewürzen, sondern
auch im Bereich der Rituale. Rituale, die man eigentlich nur
bei ganz besonderen Anlässen einsetzen darf, werden oft wegen jeder Kleinigkeit begangen. Die Ritualinflation nimmt
aber der Situation jede Feierlichkeit; es entsteht außerdem
eine Abnutzung im Bereich der Kräftebündelung, die durch
ein Ritual erreicht werden soll. Wer jeden Tag ein Candlelight-Dinner genießt, bekommt nach spätestens zwei Wo-
chen Heißhunger auf eine Currywurst an der Imbissbude.

Gesundheitstees und Bäder dürfen Sie sich natürlich zu
jeder Tages- und Nachtzeit machen, wann immer Sie sich
schwach oder krank fühlen. Wenn Sie damit aber ein Ritual
verbinden wollen, so ist es äußerst wichtig, dass dieses Ritual ausschließlich (!) bei zunehmendem Mond geschieht.
Die Bedeutung der Kräfte des Mondes ist so groß, dass bei
abnehmendem Mond sogar umgekehrte Ritualwirkungen
passieren können, dass also genau das Gegenteil von dem
geschieht, was Sie eigentlich wollen, und dass sich dadurch
Ihre Situation noch verschlechtert.

Der schlimmste Fehler, den Sie machen können, ist, dass
Sie sich an ein Ritual heranwagen, obwohl Sie eigentlich
Angst davor haben. Bei Angst entsteht ein sehr negatives
Energiefeld, das sich dann mit den Energien der Öle und
Kräuter zu einem unberechenbaren Ganzen vermischt, von
dem nicht vorhersehbar ist, wie es schließlich wirken wird.
Also lassen Sie die Finger von Ritualen, wenn Sie ihnen
skeptisch oder gar ängstlich gegenüberstehen. Sie können
sich nur schaden.

Bei falschen Anwendungen kann Dreierlei passieren: Entweder es geschieht nichts, was noch am harmlosesten ist, oder aber es passiert zu viel, also eine Überreaktion, die schon nicht mehr ganz so harmlos ist, oder – und das ist richtiggehend gefährlich – es entsteht eine Umkehrung der Wirkungen, und Sie erreichen genau das Gegenteil von dem, was Sie wirklich wollen. Wie so etwas aussehen kann, darüber gleich mehr.

Falsche Anwendungen

Was falsche Anwendungen alles anrichten können, möchte ich Ihnen jetzt anhand von ein paar Beispielen veranschaulichen. Die Fehlerquellen sind jeweils verschieden gelagert; die unvorhersehbaren Wirkungen waren in jedem einzelnen Fall sehr unangenehm.

Ganz schlimm hat es Uschi B. (32) aus Augsburg erwischt. Sie wollte ein an sich harmloses Liebesritual aus meinem ersten Buch nachexerzieren, um jemanden für sich zu interessieren. Aber sie ging mit Angst an die Sache heran und hat dann trotz Bedenken das Ritual dennoch vollzogen. Natürlich musste sie sich damit einem seltsamen Energiegemisch aussetzen, das so dramatisch gewirkt hat, dass Uschi eine Woche lang mit regelrechten Vergiftungssymptomen im Krankenhaus lag. Bevor sie ihre Wohnung wieder beziehen konnte, musste diese erst mit Räucherungen und Gebeten gesäubert werden.

Hilde K. (35) aus München hat gleich mehrere Fehler auf einmal begangen. Zuerst hat sie sich von einer Freundin ein Liebesöl geben lassen, ohne zu prüfen, ob dieses Öl auch zu ihr selbst passt oder nicht. Dann hat sie, nachdem dieses Öl natürlich nicht am fremden Körper aktiv werden konnte und keinerlei Wirkung gezeigt hat, willkürlich und ohne Beachtung der Dosierungsanleitungen selbst eine Öl-mischung hergestellt, wobei sie im Umgang mit den Zutaten alles andere als zimperlich zu Werk ging. Die Wirkung hat sich umgekehrt. Ihr Freund, der sich natürlich wunderte, warum seine Hilde auf einmal so komisch riecht, hat sie verlassen.

Das richtige Öl zu finden oder die richtige Ölmischung, das ist eine Prozedur, die oft Stunden dauern kann. Ich werde auf das Verfahren noch näher eingehen.

Jetzt aber erst mal zu Erich G. (45) aus Heidenheim, der sich an einem Gesundheitsritual versuchte. Er hatte alle Kerzen brav in dem für sein Anliegen zuständigen Kraut gewälzt, hat aber beim Kauf der Kerzen mehr auf sein persönliches Modeempfinden geachtet als auf gültige Anleitungen. Er fand schwarze Kerzen einfach schick. Dann hat er auf seinem Hausaltar das Schälchen mit der Erde vergessen, sodass nicht alle vier Elemente bei der Ausübung des Rituals zugegen waren. Sein Gesundheitstee, der im Rahmen einer kleinen Meditationssitzung getrunken werden sollte, war dermaßen überdosiert, dass er nur noch bitter schmeckte und objektiv gesehen ungenießbar war. Das hätte eigentlich Alarmzeichen genug sein müssen. Erich trank ihn trotzdem, im Licht der schwarzen Kerzen, zog sich damit nicht nur eine ekelhafte Magenverstimmung zu, sondern auch noch jede Menge Pech. Dem armen Kerl passierte fast alles, was einem Menschen nur passieren kann. Er wurde noch kränker, seine Versicherung kündigte ihm, weil er einen Formfehler gemacht hatte, und er musste fortan jede ärztliche Behandlung aus eigener Tasche zahlen. Dadurch entstanden innerhalb seiner Familie große Geldprobleme; und seine Frau verließ ihn.

Der Bekannte eines Freundes, Martin D. (46), bekam eines Tages wie aus heiterem Himmel die schreckliche Nachricht seines Hausarztes, dass aus der letzten Untersuchung entgegen dem ersten Befund nun doch hervorgehe, dass er Krebs habe. Es ging dabei um Darmkrebs, einen der aggressivsten, und er war schon in einem fortgeschrittenen Stadium. Irgendwie war auf dem Experimentierfeld der Schulmedizin wieder mal ein entscheidender Fehler gemacht worden, was aber in solch einer Situation nicht Hilfe und auch alles andere als ein Trost ist. Den Arzt verklagen? Das Labor? Nach Gott schreien und ihn mit naiven Fragen wie »Warum ausgerechnet ich?« belästigen? Bestimmt nicht. Martin D. wollte kämpfen, wollte etwas für seine Heilung tun. Nun wissen wir alle, dass gerade bei Krebs die Schulmedizin und die esoterische Kunst Hand in Hand arbeiten müssen; dass es Unsinn ist, sich den Medizinern völlig zu entziehen und sich nur noch auf Naturheilkräfte zu verlassen. Das ultimativ wirksame Kraut gegen Krebs ist, so sehr wir das auch bedauern mögen, noch nicht gewachsen. Herr D. machte aber genau den entscheidenden Fehler, zog sich zurück aus der Welt des Rationalismus, konzentrierte sich nur noch auf Kräuter und Öle. Fühlte sich damit zeitweise auch um Etliches besser. Schließlich kann der Glaube ja Berge versetzen. Bis er allerdings die so oft zitierten Selbstheilungskräfte aktivieren kann, bedarf es deutlich mehr als eines diffusen Esoterikwissens.

Martin D. hätte Betroffenengruppen besuchen, seinen Geist im Gruppengespräch reinigen und seine Angst durch das Aussprechen minimieren können. Aber das wollte er nicht. Er machte ein Kräuterbad nach dem anderen, überdosiert, trank literweise Gesundheitstees auf biologischer Basis, machte Healing-Räucherungen und salbte sich regelmäßig mit kräftigenden Ölen. Dagegen ist natürlich nichts zu sagen. Die Magenverstimmungen auf die überdosierten Tees sind in so einem Fall eigentlich nicht besonders erwähnenswert; das Eliminieren jedes medizinischen Rates aber schon. Bei Redaktionsschluss dieses Buches ging es Herrn D. gar nicht gut, weder körperlich noch spirituell. Denn zu den körperlichen Beschwerden gesellten sich noch sehr schnell geistige. Die bittere Erkenntnis, dass all seine Bemühungen fehlgeschlagen waren, warf ihn in ein tiefes mentales Loch.

Nicht immer geht es um lebensbedrohende Situationen. Dennoch gibt es gewisse Stürme des Lebens, die uns höchst bedrohlich vorkommen. Dabei spielt es keine Rolle, wie hochgradig die jeweilige Not von außen eingeschätzt werden darf, wie rationell begreifbar sie für Dritte sein mag. Glück und Not sind immer relativ empfundene Größen; Vergleiche mit Menschen, die mehr zu erleiden haben als man selbst, helfen dabei nur wenig weiter.

Albert L. (38) aus Basel wollte alles tun, um seine Verflossene wieder zurückzugewinnen. Er besorgte sich ein Liebesöl, machte in diesem Punkt auch alles richtig. Er ließ sich beraten, probierte ein bisschen aus, welches Öl zu ihm passt, und er trug das Öl auch sehr dezent auf. Außerdem war es ein Öl, von dem er wusste, dass der Basisstoff auch seiner Ex gut zur Nase steht. Mit diesem Öl machte er ein Liebesritual. Kein sehr schwieriges, einfach eine kleine Feierstunde mit Kerzen und dem Foto der Angebeteten. Als er dann ganz verzweifelt bei mir im Hexenladen auftauchte und berichtete, dass nun wohl alles vorbei sei, wusste ich zuerst auch nicht, wie ich ihm helfen könnte. Denn auf den ersten Blick hatte er alles richtig gemacht, schließlich war er ja im Umgang mit magischen Dingen kein Anfänger mehr. Bis sich herausstellte, an welchem Tag er das Ritual gemacht hatte. Es war ein Tag mit abnehmendem Mond. Albert hatte eine der Grundregeln im Zusammenhang mit Ritualen verletzt, hatte mit diesem Ritual negative Kraftfelder auf sich gezogen und nun mehr Energie verloren, als er vertragen konnte. Und seine Verflossene hatte sich natürlich inzwischen einem anderen zugewandt.

In solchen Fällen ist es für mich sehr schwer bis unmöglich, helfend einzugreifen. Es kommt auch eine gewisse Unlust dazu, das muss ich ehrlich zugeben, da ich meine Arbeit nur sehr ungern mit der in einer Flickschneiderei verglichen wissen will. Darum bitte ich ganz inständig darum, vor jeder magischen Handlung Rat einzuholen, damit auch alles klappt.

Ich weiß, dass es derzeit schwer ist, sich im Esoterikbereich zu informieren. Zu viele Scharlatane tummeln sich auf der offenbar nicht eingezäunten Spielwiese zwischen Himmel und Hölle, und etliche von ihnen fühlen sich auch noch dazu berufen, ihr Halbwissen in Büchern zu verbreiten. Sie können sich also nur auf Ihre innere Stimme verlassen, wenn Sie Rat und Anleitung suchen, sei es nun im persönlichen Gespräch oder aus einem Buch. Wenn Ihnen irgendetwas bei Ihrem Ratgeber »spanisch« vorkommt, und sei es auch nur in der Form, dass Sie ein unbestimmtes Unwohlsein beim Gespräch oder bei der Lektüre empfinden, wechseln Sie sofort. Vertrauen Sie Ihrer inneren Stimme. Ein anderer Weg bleibt Ihnen nicht.

Unvorhersehbare Wirkungen

Wenn beim Umgang mit magischen Rezepturen nichts passiert, ich habe es schon erwähnt, so ist das erst mal das kleinste Übel. In solchen Fällen empfiehlt es sich einfach, noch mal ganz genau und Schritt für Schritt zu überprüfen, was man unternommen hat. Meist lässt sich so die Fehlerquelle finden.

Viel hat auch mit Übung zu tun. Manche Tees, manche Ölmischungen oder magische Dinnerrezepte funktionieren ja nicht auf Anhieb, was weniger mit den Substanzen zu tun hat als mit der Konzentration, die wir beim Hantieren entwickeln. Sie wissen ja: Ohne die richtige innere Einstellung läuft gar nichts.

Wenn sich zwar eine Wirkung eingestellt hat, diese aber in ihrem Umfang noch nicht ausreichend ist, dann muss das Ritual einfach so oft wiederholt werden, bis die Wirkung da ist. Nehmen wir an, Sie konzentrieren sich auf Ihr Geldproblem, und es geht ein bisschen Geld ein, aber noch nicht genug, um Ihr Problem zu lösen, so üben Sie weiter. Steigern Sie vielleicht ganz vorsichtig die Dosierungen der Zutaten.

Wenn sich die beabsichtigte Wirkung umgekehrt hat, also wenn Sie genau das Gegenteil von dem erreicht haben, was Sie erreichen wollten, müssen Sie verschiedene Reinigungsrituale vornehmen (Räucherungen, Gebete, Schutztalismane usw.), bevor Sie wieder aktiv werden dürfen. Hier gibt es keine allgemein gültigen Anleitungen, hier muss von Fall zu Fall entschieden werden. Und das kann der Betroffene nicht allein; hier ist professioneller Rat gefragt.

Die Palette der unvorhersehbaren Wirkungen ist groß. Sie kann vom Misserfolg bis zum Chaos reichen. Je weiter Sie sich in der Magie vorwagen, umso größere Tragweite haben Fehler, die Sie dabei machen.

Wer der Meinung ist, dass er im Umgang mit magischen Rezepten, Kräutern und Ölen vom Prinzip her »eigentlich nichts falsch machen kann«, weil das ja alles natürliche Stoffe sind, der irrt. Auch die Tollkirsche ist ein natürlicher Stoff.

Nehmen wir an, Sie wollen ein Spargelgericht zubereiten, und das nicht nur, weil Spargel entwässert und gut schmeckt, sondern weil Sie damit eine potenzsteigernde Wirkung erzielen möchten. Spargel gilt ja von jeher als das Liebesgemüse schlechthin. Wissen Sie, ob er nicht Stoffe enthält, die Ihnen schaden? Die vielleicht sogar eine Allergie auslösen können? All das muss ausgeschlossen werden, in Versuchen vorher festgestellt werden, bevor sie die Zubereitung eines Spargelessens mit Gebeten, Räucherungen, Talismanen oder Kerzen verbinden. Damit Sie vor unliebsamen Überraschungen gefeit sind.

Richtig gefährlich wird nämlich der Umgang mit Hexenrezepten erst in Verbindung mit Ritualen. Rituale, falsch ausgeführt, können auch negative Energie bündeln, die Sie so leicht nicht mehr loswerden. Diese negativen Energien können bis in den Bereich der Psychose gehen, ein Thema, das ich bereits ausgiebig behandelt habe.

Eine Klientin von mir, nennen wir sie Karin R. (42) aus Mindelheim, hat schon jede Menge Geld auf dem Esoterikmarkt gelassen, hat fast jedes Seminar besucht, das es zu besuchen gibt, macht wegen jeder Kleinigkeit ein Ritual, hängt ihr jeweiliges Anliegen viel zu hoch, ist schon geradezu als hysterische Ritualmacherin bekannt. Vor lauter Seminaren und Ritualen kommt sie schon gar nicht mehr so richtig zur Bewältigung ihres Alltags. Sie sieht nur noch magische Dinge um sich herum, probiert alles aus, was es nur so gibt, ist sich für nichts zu schade. Ihr Mann ist wesentlich älter als sie; er kann das alles gar nicht mehr begreifen. Seit kurzem sieht Karin nur noch die Buchstaben »A« und »H«, in welcher Verbindung auch immer. Mal in dieser, dann in der anderen Reihenfolge. Von jeder Reklametafel, von jedem Ortsschild springen ihr »A« und »H« entgegen. Ihre Psyche ist nur noch von diesen beiden Buchstaben geprägt, die sie als »Adolf Hitler« interpretiert. Und das Schlimmste: Sie hat jetzt Angst, Hitlers Reinkarnation zu sein.

Vergleiche zu Pilgern in Jerusalem drängen sich auf, die, umgeben von so viel Religion und Religionssymbolen, durchdrehen und sich spontan zum Predigen berufen fühlen, die glauben, selbst König David oder Jesus zu sein. Für diese Menschen gibt es in der Nähe von Bethlehem, nicht weit von Jerusalem entfernt, ein Spezialkrankenhaus, nur zur Behandlung von Menschen, die vom »Jerusalemsyndrom« befallen sind.

Zurück zu Karin R. und ihrem Hitlerwahn. Ein schwieriger Fall, der nach Soforthilfe durch einen Neurologen schreit. Hier liegt eine Psychose vor, die auf einem Beziehungswahn basiert. Wer ohne Grund in jeder Schrift oder in jeder Begebenheit einen Bezug zu sich selbst herstellt, braucht dringend Medikamente. Was nicht heißt, dass ich nicht mit meinen Rezepten unterstützend eingreifen könnte. Beruhigungstees und einfache Reinigungsrituale können Erfolg bringen, wobei ich darauf achten muss, dass die Rituale wirklich einfachster Natur sind. Denn nach der erfolgten Überdosis, die Karin R. genossen hat, kann jede zusätzliche Behandlung mit Magie schädlich sein.

»Böse« Öle – und wie man sie in ihrer Wirkung umkehren kann

Sie wissen ja, dass ich mich als weiße Hexe verstehe, schwarzmagische oder satanische Praktiken ablehne und diesbezüglich auch keine Empfehlungen geben will. Natürlich habe ich im Lauf meiner Arbeit schon des Öfteren mit Schwarzer Magie zu tun gehabt, manchmal auch widerwillig zu tun haben müssen. Daher war es für mich wichtig, auch diesen Bereich der Magie kennen zu lernen, allein schon aus Selbstschutzgründen. Meine Ablehnung hat also nichts mit einer diffusen Angst zu tun, sondern basiert auf besserem Wissen. Selbst einer der größten Magier der Weltgeschichte, Meister Crowley, der sehr lange mit schwarzmagischen Praktiken gearbeitet hat, kam im Laufe seines Lebens zu dem Entschluss, dass es wohl besser ist, die Finger davon zu lassen. Ich will mich ihm anschließen.

Doch es kann der Beste nicht in Frieden leben, wenn es dem bösen Nachbarn nicht gefällt. Schwarze Magie existiert, heute mehr denn je, und sie hat einen großen Bereich eingenommen. Nicht umsonst widmete ich mein letztes Buch dem Thema *Weiße Magie, Schwarze Magie und Satanismus* (Goldmann Verlag). Es ist geradezu überlebenswichtig für uns, über diese Praktiken und deren Wirkungen Bescheid zu wissen. Zumindest im Hinblick darauf, wie wir uns davor schützen können.

So gibt es natürlich auch auf dem Gebiet der magischen Rezepturen Wissenswertes in Sachen Schwarzmagie. Das betrifft besonders die Öle, denen wir uns schon ausführlich gewidmet haben. Niemand weiß genau, was im Einzelnen drin ist, Geheimrezepte gehen in den Alltag über, und die Kunst des Panschens wird fleißig geübt. »Böse« Öle, also Öle, die mit übler Absicht hergestellt, zusammengemischt und verbreitet werden, sind meist Mischungen aus Pflanzen, die allgemein als schädlich eingestuft werden. Dementsprechend ist der Duft dieser Öle nicht gerade verführerisch. Geheimnisvoll vielleicht, möglicherweise interessant, aber nie und nimmer verführerisch im Sinne von Wohlgeruch und Wohlbefinden. Die bekanntesten dieser Ölmischungen tragen Namen wie »Black Art«, »Voodoo«, »Bat Blood« und »Wormwood«. Woraus sie genau bestehen, will ich gar nicht wissen. Ihre Wirkung ist verheerend; wer damit gegen besseres Wissen hantiert, sollte am besten Gummihandschuhe tragen.

Wie kommen Sie als gutgläubiger und einfach als esoterisch interessierter Mensch, der nichts Böses auf dieser Welt will, außer sich ein bisschen auf die Kultur von uns Hexen einzulassen, wie kommen Sie also in Kontakt mit solchen Ölen?

Ganz einfach: Viele Mitmenschen wissen von Ihren magischen Interessen; schließlich bewegt man sich ja meist in gleich gesinnten Kreisen. Wenn nun einer dieser Mitmenschen schlechte Gefühle Ihnen gegenüber entwickelt hat, warum auch immer, wenn also dieser Mitmensch Ihnen etwas Böses will, dann wird er dafür sorgen, dass Sie mit einem dieser Öle in unmittelbaren Kontakt kommen. Er wird also, wenn er die Möglichkeit hat, Ihre Wohnung zu besuchen, irgendwo an unauffälliger Stelle ein paar Tropfen dieser Ölmischung anbringen. Oder aber, und das ist der Normalfall, er wird Ihnen einen Brief mit einem magischen Unglückszeichen schicken, der mit einer der fatalen Ölmischungen beträufelt wurde.

Viele schwarzmagisch Interessierte scheuen nicht davor zurück, sich selbst diese Öle aufzutragen, um den »Geruch des Bösen« zu verbreiten – allerdings benötigt man dazu ein bestimmtes Ritual, um sich dabei nicht selbst zu verletzen. Die bösen Öle sind, in jeder noch so geringen Dosis aufgetragen, ein Garant für Unwohlsein, für das unbestimmte Gefühl, dass hier irgendetwas nicht stimmt. Dabei muss man sich nicht mal dessen bewusst sein, dass hier Reizstoffe über die Nase an den Körper und die Psyche geleitet werden (nur Billigsatanisten kleckern mit Gruftgerüchen nur so um sich, stinken aufdringlich!), sondern man fühlt sich einfach auf eine nicht genau zu definierende Weise unwohl in der Gegenwart eines bestimmten Menschen, nach einem Händedruck mit ihm, beim Öffnen eines rätselhaften Briefes und so weiter.

Dieses schlechte Gefühl, woher es auch kommen mag, muss Ihnen stets eine Warnung sein. Das gilt nicht nur für Öle, sondern auch im Zusammenhang mit Kräutern oder Speisen und Getränken, die man Ihnen angeboten hat. Die Rezepte aus der Hexenküche können auch ins Böse gelenkt und missbraucht werden, das muss Ihnen stets klar sein.

Was noch lange nicht heißt, dass Sie zum misstrauischen Hysteriker werden müssen. Nicht hinter jedem schlechten Gefühl steckt auch eine schlechte Absicht. Man hat Ihnen vielleicht ein Liebesdinner kredenzt, in dem Veilchen eine wichtige Rolle spielen, und nun grummelt Ihr Magen. Verwünschungen, Schwarze Magie, Satanismus? Nicht unbedingt, eher sogar höchst unwahrscheinlich. Vielleicht ist in den Veilchen irgendein Wirkstoff, den Sie allein auf Grund seiner Unüblichkeit nicht so ohne weiteres vertragen.

All das müssen Sie in Betracht ziehen, bevor Sie Maßnahmen ergreifen, die Sie vor bösen Ölen, Gewürzen oder Kräutern schützen sollen oder die eventuell sogar dazu geeignet sind, deren Wirkungen ins Positive umzukehren.

Natürlich bedarf es einer gewissen Menschenkenntnis, um einschätzen zu können, von wem man eventuell Böses zu erwarten hat. Wenn Sie den vermeintlichen Absender von bösen Gedanken seit einiger Zeit kennen, so ist es also das kleinste Problem, die- oder denjenigen einfach zu fragen: »Sag mal, gibt es zwischen uns beiden etwas zu klären? Ich habe das Gefühl, von dir geht negative Energie aus.« Eine Aussprache reinigt stets mehr als jeder Hokuspokus.

Solch eine Aussprache zwischen esoterisch und magisch Interessierten darf sogar so weit gehen, dass Sie frei heraus eine Frage wie diese stellen dürfen: »Bei mir riecht es seit einiger Zeit etwas seltsam. Hat das was mit dir zu tun, hast du vielleicht irgendwo in meiner Wohnung ein paar Tropfen gewisser Öle oder ein paar Krümel ganz bestimmter Kräuter versteckt? Wünschst du mir etwas Böses?« Es kommt auf die Situation und natürlich auf Ihr Fingerspitzengefühl an, wann und wie Sie derartige Verdächtigungen äußern können und dürfen.

Höchste Alarmstufe ist allerdings dann angesagt, wenn Sie anonyme Post bekommen haben, vielleicht sogar mit einem rätselhaften und magisch aussehenden Zeichen darauf, und wenn das Blatt Papier, auf dem die Post geschrieben ist, irgendwie »komisch« riecht, wenn Sie diese Post angefasst haben, wenn also das böse Öl die Möglichkeit gehabt hat, über Ihre Poren an Ihre Seele vorzudringen.

Doch auch in solch einem Fall gilt, wie übrigens immer: Keine Angst und vor allem keine Panik. Vor nichts und niemanden.

Wenn Sie sich ganz sicher sind, dass Ihnen jemand ein böses Öl aufgedrängt hat, auf welchem Weg auch immer, so lassen Sie sich erst mal ganz gemütlich ein Wannenbad ein. Ein halbes Päckchen handelsüblichen Kochsalzes genügt, um dieses Bad zum Reinigungsbad werden zu lassen. Zwei weiße Kerzen im Badezimmer symbolisieren zusätzlich den Akt der Reinigung; ein bisschen entspannende Musik schadet auch nichts. Nehmen Sie sich Zeit für dieses Bad, achten Sie darauf, dass Ihr ganzer Körper, von der Sohle bis zum Scheitel, in das Salzwasser eintaucht. Lösen Sie sich von allem Stress, lassen Sie es sich gut gehen, und wenn Sie noch zusätzlich etwas gegen den Einfluss der bösen Öle tun wollen, dann verbrennen Sie eine Healing-Räucherung im Badezimmer.

Das Wichtigste dabei aber ist, wie immer, das, was in Ihrem Kopf passiert. Dafür empfehle ich zwei Modelle. Beim ersten schicken Sie, ein bisschen von Rachegedanken geleitet, all die Ihnen übermittelte schlechte Energie an den Absender zurück. Ob Sie ihn persönlich kennen oder nicht, das spielt dabei keine Rolle. Stellen Sie sich nur vor, Sie spielen Tischtennis: Da kommt der gemein-raffinierte Ball Ihres Gegenübers, aber Sie erwischen ihn und schmettern ihn zurück. Das ist alles. Beim zweiten Denkmodell, und das bevorzuge ich als weiße Hexe, stellen Sie sich den bösen Einfluss als Stein vor. Dann sprengen Sie den Problemstein, lösen ihn auf in tausend kleine Stücke, lassen die Fetzen nur so durch die Luft fliegen, und genießen, nachdem Sie das getan haben, den freien Weg, den Sie nun wieder vor sich haben. Den Weg, der kurzfristig vom Problemstein versperrt war.

Sie werden letztlich, und da darf ich aus meiner persönlichen Erfahrung sprechen, um eine Auseinandersetzung mit dem Absender der schlechten Wünsche, Öle, Kräuter, Amulette oder Talismane nicht herumkommen. Wenn dieser allerdings anonym bleibt, so hat sich das Thema von selbst erledigt. Feiglinge, die ihren Namen nicht preisgeben, haben es nicht verdient, dass Sie sich weiterhin mit ihnen beschäftigen. Sie müssen natürlich auch keine Angst vor ihnen haben, nicht die geringste. Ihre Macht reicht gerade bis zum Herumkleckern mit fertig gekauften schwarzen Ölmischungen.

Sollten ihre Angriffe allerdings wiederholt auftreten, so müssen Sie dennoch aktiv werden, um all die negativen Schwingungen und Kräfte aus den unfreiwilligen Körper- und Seelenimpulsen wieder loszuwerden.

Dabei geht es nicht nur um geistige Haltungen oder um schlaue Reaktionsmodelle, sondern wirklich und wahrhaftig um Kräfte, die in den Ölmischungen liegen, die sie über die Haut und die Seele aufnehmen. Es ist wichtig, sowohl die körperlichen als auch die damit verbundenen seelischen Negativkräfte abzufangen, zu lindern, ins Positive umzuwandeln.

Es macht also Sinn, sich darüber zu informieren, mit welcher negativen Kraft Sie es zu tun haben. Nehmen Sie den anonymen und seltsam duftenden Brief, gehen Sie damit zu einer Hexe oder zu einem Magier. Er wird Ihnen sagen, um welche Teufelsmischung es sich da handelt. Er oder sie hat außerdem die Möglichkeit, bei der Analyse gewisse Schutzmaßnahmen zu ergreifen, damit ihr/ihm beim Einatmen dieser Düfte nichts geschieht.

Manchmal sind diese Mischungen ziemlich wild kombiniert, also Mischungen aus Mischungen. Auf so einem Gebiet möchte sich naturgemäß jeder Möchtegern-Schwarzmagier gerne profilieren. Das kann einen geübten Magier oder eine geübte Hexe natürlich nicht verwirren. Der Grundstoff wird sofort erkennbar.

So dürfen als Grundregeln gelten: Gegen Black-Art-Öl hilft »Angel-Öl«, das Öl der Engel. Gegen die Mischungen Voodoo und Wormwood hilft »Seven African Powers«, die Kraft der großen Götter. Gegen Bad Blood ist die Mischung »Isis-Öl« empfehlenswert; insgesamt helfen im Kampf gegen negative Öle die Ölmischungen »Holly Water« (heiliges Wasser) und ganz normale Kokosnussmilch, zu erstehen in jedem besseren Supermarkt.

Sie begehen also feierlich Ihr Reinigungsbad in Salzwasser, genießen die Ruhe und die Entspannung, entzünden eine Reinigungsräucherung und zwei weiße Kerzen, schicken Ihre Gedanken an all das Böse, das Ihnen zugefügt werden soll, weit weg. Haben Sie Respekt vor diesen Gedanken, aber alles andere als Angst. Verabschieden Sie sich von ihnen wie von jemandem, der Ihnen ein Angebot gemacht hat, das Sie aber nicht annehmen wollen. Das ist erst mal alles. Dann reiben Sie sich feierlich und ganz bewusst mit einer der oben genannten Gegen-Ölmischungen ein. Seien Sie sich dessen bewusst, dass Sie damit all die Ihnen zugedachte negative Kraft für immer verbannt haben. Es kann Ihnen nichts mehr geschehen, zumindest nichts, was mit bösen Ölen zu tun hat. Ihr Körper und Ihr Geist sind gereinigt.

Wer dennoch weiterhin tätig werden und auf Nummer sicher gehen will oder von seiner inneren Haltung her gehen muss, der sollte ein allgemein gültiges Ritual gegen schwarze oder gar satanische Kräfte anwenden. Reinigungs- und Schutzrituale dieser Art habe ich schon mehrfach in meinem letzten Buch beschrieben; nachdem es in diesem Buch aber in erster Linie um Kräuter, Öle und die damit verbundenen Rezepte geht, hier ein ganz besonderes Rezept, das ich für den Fall der Fälle empfehlen möchte:

Sie machen ein Reinigungsbad in Salzwasser, stellen dabei zwei weiße Kerzen im Badezimmer auf, dazu Ihre ganz persönliche astrologische Kerze. Wenn Sie die Ausgabe nicht scheuen: Es gibt auch eine sehr dekorative und darüber hinaus überaus wirksame »Seven African Powers«-Kerze zu kaufen, die all die guten Götter beschwört. Im Kerzenlicht und im angenehm warmen Salzwasser konzentrieren Sie sich darauf, die Ihnen übersandten bösen Kräfte von sich abzuweisen, sie einfach zu neutralisieren. Eine kleine Healing-Räucherung wird Sie, allein schon vom schönen Duft her, in die richtige Stimmung versetzen. Beten Sie zu Ihrem Gott, zu Ihrer Göttin, zu den Naturgeistern, zu den Kräften des Universums, zu Ihren verstorbenen Ahnen – wie immer Sie wollen. Unterhalten Sie sich mit ihnen wie von Freund zu Freund. Am besten, Sie sprechen dabei laut aus, was Sie denken. Bitten Sie die Götter und Geister, Ihnen dabei behilflich zu sein, die Ihnen übersandten schwarzen Kräfte schadlos wieder loszuwerden. Nach dem Bad, es kann bis zu einer Stunde dauern, ölen Sie sich wohldosiert mit einem der oben empfohlenen Gegenöle ein. Mit »Hooly Water« liegen Sie im Allgemeinen richtig. Dann nehmen Sie die Reste der Healing-Räucherung, verpacken Sie in ein kleines Stückchen Samt- oder Seidenstoff, verschnüren dieses mit einem schwarzen (!) Faden, und tragen es ständig als Amulett bei sich. Die Reste der Kerzen vergraben Sie in der Nähe einer Buche, nur bei Sonnenaufgang und bei zunehmendem Mond. Oder Sie übergeben sie einem Fluss oder See, schicken damit all die Befürchtungen und Ängste auf den Weg in die Unendlichkeit. Befürchtungen und Ängste, die Ihnen ein Feind zumuten wollte, sind hiermit neutralisiert. Jetzt sind Sie endgültig sicher wie in Abrahams Schoß.

Bei der Begegnung mit schwarzmagischen Ölen heißt daher die alleroberste Richtlinie: Nur keine Panik, es wird schon werden. Gegen jedes Zipperlein ist ein Kraut gewachsen, gegen jeden Angriff aus der dunklen Welt ein helles Licht. Glauben Sie mir.

Die Vermeidung von Fehlern

Natürlich gibt es unter dieser Überschrift einiges anzumerken. Wer sich mit Rezepten aus der Hexenküche befasst, seien es nun Hinweise und Tipps im Umgang mit Kräutern, Ölen und Gewürzen oder Kochanleitungen, der wird sehr schnell in einen Graubereich geraten, der individuelle Entscheidungskraft erfordert. Was tun, wenn die für ein Rezept empfohlene Petersilienwurzel gerade nicht auf dem Mark erhältlich ist? Wie verhalte ich mich, wenn ich statt 100 Gramm nur 50 Gramm der angegebenen Substanz erstehen konnte? Wohin wende ich mich, wenn ich eine ganz bestimmte Öl- oder Kräutermischung weder auf dem Gemüse- noch auf dem Esoterikmarkt ergattern kann? Ist dann meine Zubereitung umsonst, nutzlos, verpuffte Energie?

Fehler, liebe Leserin und lieber Leser, vermeiden Sie am besten, indem Sie sich davor hüten, buchstabengetreu irgendwelche Rezepte und Rituale – und damit auch die meinigen – nachäffen zu wollen. Fehler entstehen immer dann, wenn Sie sich an eine andere Person hängen, wenn Sie eine Superhexe oder einen Superguru suchen, wenn Sie abhängig werden.

Natürlich gibt es ein paar überlieferte Grundregeln, die es bei allem eigenverantwortlichen Tun und Handeln dringend zu beachten gilt. Ich will sie noch einmal zusammenfassen:

1. Verwenden Sie, wann immer es möglich ist, nur frische Zutaten. Das gilt natürlich besonders im Hinblick auf Kräuter, aber auch dann, wenn Sie in der Küche aktiv werden möchten. Allein schon vom Vitamingehalt her macht es Sinn, auf frische Zutaten zu bauen. Bei Ölen, besonders bei Ölmischungen, achten Sie darauf, dass das Öl noch gut und damit wirksam ist. Ist es zu alt, so entwickelt es nicht nur einen ranzigen Geruch, sondern hat damit auch seine magische Wirkung verloren.

2. Beim Umgang mit Ölen achten Sie stets auf die empfohlenen Dosierungen. Hier ist das ungeeignetste Feld, selbst kreativ zu werden. Erst im Lauf der Zeit dürfen Sie von den empfohlenen Mengen abweichen, aber auch immer nur im geringen Maße. Achten Sie ferner auf die richtige Lagerung. Jedes Öl sollte in einer Flasche aufbewahrt werden, die vor Licht schützt. Zusätzlich bewahren Sie die Ölflasche in einem geschlossenen Schrank auf, in dem es weder zu warm noch zu kalt ist.

3. Jedes Ritual, für das Sie sich entschieden haben, und sei es auch nur ein kleines und unkompliziertes, darf nur bei zunehmendem Mond und morgens zelebriert werden, möglichst im Freien. Wenn es nicht machbar ist, das Ritual Ihrer Wahl im Freien zu praktizieren, dann öffnen Sie zumindest zwei Fenster Ihrer Wohnung, dass die frei werdenden Energieströme ungehindert fließen können. Wenn ein Energiestau entsteht, können Sie sich damit selbst Schaden zufügen.

4. Jedes Ritual, jedes Kraut, Öl oder Gewürz nur dann einsetzen, wenn es Ihnen im Innersten Ihrer Seele zusagt, wenn Sie nicht die geringste Skepsis empfinden. Wer halbherzig an magische Stoffe und Praktiken herangeht, wer vielleicht trotz Widerwillen das eine oder andere anwendet, wird keinen Erfolg haben und kann im schlimmsten Fall sogar negative Energien auf sich ziehen.

5. Jedes Rezept, ob zum Ölmischen oder zum galanten Kerzendinner, erst nach dem dritten Selbstversuch einer anderen Person anbieten. Nur beim gewissenhaften Üben mit den Ingredienzen lernen Sie die Feinheiten des Rezeptes oder Stoffes Ihrer Wahl kennen. Sie können dann im Laufe der Übungen immer noch umsatteln, wenn Sie feststellen sollten, dass es irgendwelche Komponenten gibt, von denen Sie noch nichts wussten und die Ihnen unangenehm sind. Es ist schlicht und einfach verantwortungslos, an einer anderen Person zu üben, die Ihnen, dem Lehrling, hilflos ausgeliefert ist. Sie wollen doch auch nicht, dass jemand an Ihnen übt, Sie mit Rezepturen behelligt, die noch nicht richtig ausprobiert sind. Was für ein einfaches Kochrezept gilt, muss bei einem magischen Rezept erst recht beachtet werden. Der Res-

pekt vor der körperlichen und seelischen Gesundheit des anderen verlangt das einfach.

6. Jeden Zweifel, jeden Angriff von außen sollten Sie so schnell wie möglich aus Körper und Seele waschen, sei er materieller oder spiritueller Natur. Zweifel und böse Angriffe können einem das Leben im wahrsten Sinn des Wortes zur Hölle machen. Kein Magier und keine Hexe werden Sie abweisen, wenn Sie irgendetwas wissen wollen, was mit Ihrem Rezept, Ihrer Ölmischung oder Ihrem Ritual zu tun hat. Fragen Sie lieber einmal zu viel nach, bevor Sie mit Restzweifeln oder Befürchtungen ans Werk gehen.

7. Nie und nimmer Angst haben, vor keinem Kraut, vor keinem Öl, vor keinem Rezept. Sie sind Ihr eigener kleiner Gott, vergessen Sie das nie!

Womit alles Wesentliche gesagt ist. Amen.

Ein Nachwort

Sie werden es gemerkt haben, liebe Leserin und lieber Leser, dass es auch im Umgang mit Rezepten aus meiner Hexenküche immer mehr darum geht, Ihre Eigenverantwortung und Ihre Selbstständigkeit zu entwickeln. Natürlich hätte ich Ihnen einen Wust von skurril erscheinenden Rezepturen anbieten können – 50 Gramm bei Vollmond geröstetes Petersilienkraut mit 7 Gramm vorsichtig des nachts dosiertem Rosmarinöl vermischen, natürlich nur in einer schwarzen Schüssel, die zuvor mit der XYZ-Räucherung gereinigt und geheiligt wurde, am gleichen Tag schmeiße man den Kadaver einer schwarzen Katze unauffällig über den Friedhofszaun und so weiter –, aber das war nicht meine Absicht. Die alten Hexenrezepte sind nämlich im Grunde nur halb so spektakulär, wie manche Zeitgenossen es gerne hätten.

Natürlich ist bekannt, und ich betone diesen Umstand auch immer wieder in meinen Büchern, dass wir mittels Ritualen die Wirkung von allem und jedem verstärken oder manchmal sogar erst möglich machen können. Wer bei Ritualen keine groben Fehler macht, wer die im letzten Kapitel wieder mal erwähnten Grundregeln strikt beachtet, darf darüber hinaus stets selbst tätig werden. Der Erfindungskraft und dem Einfallsreichtum sind dabei keine Grenzen gesetzt. Es geht bei jedem Ritual, das sage und schreibe ich jetzt bestimmt schon zum x-ten Mal, immer nur um die geistige Kraft, die Sie dabei entwickeln. Daher macht es Sinn, auch bekannte und vielleicht allzu eingefahrene Rituale immer wieder mal zu variieren, abzuändern, zu ergänzen oder auch zu vereinfachen. Sie allein können entscheiden, was Ihrer geistigen Konzentration förderlich ist und was nicht. Sie wissen ja. Es gibt viel zu viele abgenutzte und leere Rituale, eingeübte und von der jeweiligen Kultur überlieferte Rezepte für Vorgehensweisen, die durch ihre ständige gedankenlose Wiederholung Schaden leiden.

Selbstverständlich ist immer derjenige auf der sicheren Seite, der sich an alte »Gebrauchsanweisungen« hält. Denn manchmal sind es dennoch die klitzekleinen Kleinigkeiten, der goldene Faden oder die bei Vollmond geerntete Petersilie, die auf eine magische und unerklärliche Art Wirkungen »hervorzaubern«, die uns im ersten Moment gar nicht so bewusst werden. Wer aber diese Kleinigkeiten lieblos und wie eine Pflichtübung behandelt, der kann sie auch gleich bleiben lassen. Denn »Hokuspokus« hilft nur dann, wenn man daran glaubt. Umgekehrt gilt: Was ich nicht weiß, macht mich nicht heiß. Es sind also wieder die Eigenverantwortung und der Mut zur Selbstständigkeit gefragt, der Schritt zu einem selbst gestalteten Leben und der Glaube an sich selbst.

Das wird Ihnen helfen, auf diesem Weg mittels der alt überlieferten und der neu erworbenen Hexenkunst, gerade im Hinblick auf Rezepte aus der Hexenküche, ständig klüger zu werden. Nichts Schöneres kann Ihnen passieren.

Ich danke nun zum Schluss meiner Freundin und Agentin Gabriele Skarda, meinem Koautor und nimmermüden

Interview-Nervensäge Arno Frank Eser, meinen Mitarbeiterinnen im Hexenladen – und vor allem Ihnen, liebe Leserin und lieber Leser, die Sie verstanden haben, um was es geht: um die Entdeckung der göttlichen Wahrheit in Ihnen selbst. Wenn es mir gelungen ist, Ihnen auf diesem Weg ein paar Vorschläge zu machen, dann hat sich die Arbeit für dieses Buch mehr als gelohnt, und ich bin mehr als glücklich. Der Segen der Götter des unendlichen Universums sei mit Ihnen.

Sandra, im September 2000

Falls Sie zu Sandra Kontakt aufnehmen möchten, wenden Sie sich bitte an folgende Adresse:

SANDRAS HEXENLADEN
Baierbrunner Straße 2
81379 München
Telefon 0 89/78 65 41

GANZHEITLICH HEILEN
GOLDMANN

Traditionelles Wissen neu entdeckt

Peter Grunert,
Weihrauch   14173

Ran Knishinsky,
Die Lehmkur   14177

Suzan H. Wiegel, Das Handbuch
der Kahuna-Medizin   14143

Richi Moscher,
Das Hanfbuch   14181

Goldmann • Der Taschenbuch-Verlag

GOLDMANN

*Das Gesamtverzeichnis aller lieferbaren Titel erhalten Sie
im Buchhandel oder direkt beim Verlag.
Nähere Informationen über unser Programm erhalten Sie auch im Internet unter:*
www.goldmann-verlag.de

✳

Taschenbuch-Bestseller zu Taschenbuchpreisen
– Monat für Monat interessante und fesselnde Titel –

✳

Literatur deutschsprachiger und internationaler Autoren

✳

Unterhaltung, Kriminalromane, Thriller
und Historische Romane

✳

Aktuelle Sachbücher, Ratgeber, Handbücher und
Nachschlagewerke

✳

Bücher zu Politik, Gesellschaft, Naturwissenschaft und Umwelt

✳

Das Neueste aus den Bereichen
Esoterik, Persönliches Wachstum und Ganzheitliches Heilen

✳

Klassiker mit Anmerkungen, Anthologien und Lesebücher

✳

Kalender und Popbiographien

✳

Die ganze Welt des Taschenbuchs

✳

Goldmann Verlag • Neumarkter Str. 18 • 81673 München

Bitte senden Sie mir das neue kostenlose Gesamtverzeichnis

Name:

Straße:

PLZ / Ort:

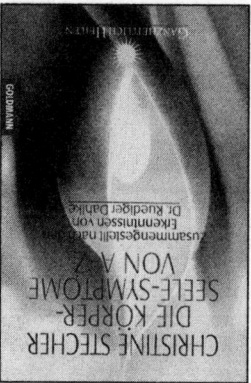